실패한 재벌정책

최정표 지음

도서출판 해남

실패한 재벌정책

머 리 말

외환위기 이후 재벌개혁은 경제정책의 핵심 화두였다. 외환위기 전후로 많은 재벌이 도산하면서 재벌이 외환위기의 주범으로 지목되어 재벌정책들이 쏟아져 나왔다. 재벌개혁 없이는 한국 경제가 되살아날 수 없을 듯이 호들갑스러웠다. 그러다가 경기가 장기침체국면에 들어서자 어느새 재벌개혁 이야기는 흔적도 없이 사라지고, 지금은 재벌이 나서야 한국 경제가 다시 활성화될 수 있는 것처럼 외치고 있다.

재벌은 한국 경제에 죄인인가, 구세주인가? 재벌에 대해 논의할 때는 종종 양 극단에 서서 재벌을 재단하려는 경향이 있어 왔다. 그러나 재벌은 죄인도 아니고 구세주도 아니다. 재벌은 재벌일 뿐이다. 죄인이 될 때도 있었고 구세주가 될 때도 있었다. 또 죄인이 된 재벌도 있었고 구세주가 된 재벌도 있었다. 재벌은 재벌로서의 역할에 충실하였을 뿐이다. 그 결과는 국가에 짐이 되기도 하였고 득이 되기도 하였다.

그런데 미래의 국가전략과 관련해서는 재벌이 새롭게 조명되어야 한다. 우리의 당면 목표는 선진국이 되는 것이다. 극빈국을 탈출하여 중진국 대열에 들어서는 단계까지는 재벌을 통한 성장전략이 유효하였다고 볼 수 있다. 그렇다고 선진국도 재벌을 통해 달성해 낼 수 있을까? 우리는 이 물음에 대해 진지하게 고민을 해 보아야 한다.

재벌은 선진국형 기업으로 보지 않는다. 재벌은 동남아 및 중남미 후진국에서 보편적으로 관찰되는 기업형태이다. 세계 어느 선진국도 재벌식의 기업이 주도하는 경제는 없다. 그리고 재벌로 선진국을 달성한 예도 찾을 수 없다. 아시아에서 유일하게 선진국 대열에 들어선 일본은 재벌을 대체한 선진국형의 새로운 기업조직으로 세계 최강의 경제대국을 건설하였다.

그런데 우리 나라는 모두가 재벌이다. 공기업에서 민영화된 몇몇 기업을 제외하고 대규모 민간기업은 모두가 재벌이다. 지금 사정으로 볼 때 우리의 선진화 전략도 재벌을 앞세우는 전략일 수밖에 없어 보인다. 재벌더러 "선진국도 만들어 주십시오" 하는 처지가 아닌가 싶다. 내세울 만한 기업은 재벌뿐이니 선택의 여지가 없지 않을까? 그렇다면 재벌을 앞세운 선진화 전략이 과연 성공할 수 있을까?

이 책은 이런 의문에 답을 찾아보려는 노력의 산물이다. 세계경제사의 지금까지 경험칙으로 볼 때 재벌과 선진국은 양립하지 않았다. 재벌 그 자체가 선진국형 기업이 아니기 때문이다. 재벌이 선진국형으로 탈바꿈하는 과정이 바로 선진화의 과정이었다.

따라서 우리 나라도 선진화되기 위해서는 재벌의 변화가 필수불가결하다. 주도적 대기업군의 많은 수가 재벌이라고 불리지 않는 기업형태로 탈바꿈해야만 선진국으로 갈 수 있는 조건이 갖추어지는 것이다. 재벌이 탈바꿈해 가는 과정 그 자체가 바로 선진화의 과정이다.

우리 나라처럼 주도적 대기업군이 모두 재벌인 나라가 선진국이 된 예는 찾아볼 수 없다. 세계의 모든 선진국에서 재벌식의 기업형태는 대기업군의 극히 일부일 뿐이다. 이런 현상은 우리에게 커다란 시사점을 던져 준다. 우리 나라의 대기업군에서도 재벌형과 비재벌형이 병존하는 경제구조가 이루어져야 선진국으로 갈 수 있는 준비가 이루어진 것이다. 이런 측면에서 볼 때 재벌의 변화는 선진국으로 가기 위한 필수불가결한 조건이다.

재벌정책이 처음으로 시행된 것은 1987년이다. 그 이후 수많은 수정과 개정을 거듭하면서 재벌정책이 시행되어 왔는데, 이 정책이 과연 한국 경제를 재벌종속구도에서 탈피시키는 데 성공하였을까? 이 질문에 '예' 라고 답할 수 있는 사람은 그리 많지 않을 것이다.

선진경제에도 재벌은 존재한다. 그러나 재벌이라고 불리지 않는 기업형태가 더 많다. 그런데 우리 나라는 모두가 재벌이다. 이 점이 한국 경제의 아킬레스건이다. 대기업은 바로 재벌이라는 등식이 바뀌어야 한국 경제도 선진화될 수 있다. 이 책의 논점은 바로 여기에 있다. 한국에도 재벌이라고 불리지 않는 대기업이 적어도 재벌만큼은 출현해야 선진경제로 갈 수 있다. 소수의 재벌이 국가경제를 싹쓸이하는 구도로는 결코 선진국이 될 수 없다.

이 책은 이런 관점에서 재벌정책의 바람직한 방향을 제시해 보려고 시도하였다. 이 책은 모두 10개의 장으로 구성되어 있으면서 각 장은 독립적인 주제를 다루고 있지만 전체적으로는 일관된 논조를 유지하고 있다. 선진국이 되기 위해서는 시장경제가 성숙되어야 하고, 그러기 위해서는 국가경제가 재벌종속에서 탈피해야 한다는 논리이다. 필자는 이런 논리가 독자들에게 그대로 전달되었으면 하는 바람을 가지고 이 책을 썼다. 필자의 의도가 성공하였는지는 독자들만이 판단할 수 있을 것이다.

이 책도 필자의 힘만으로 만들어진 것은 아니다. 도움을 주신 분들이 너무 많아 여기에 모두 열거하지 못하는 것이 죄송할 뿐이다. 모두에게 감사하는 필자의 마음은 말로 표현할 수가 없다. 그 중에서도 수익성을 따지지 않고 온갖 정성을 쏟아 이 책을 출판해 주신 도서출판 해남의 노현철 사장님께는 다시 무한의 감사를 표하고 싶다.

2007. 9. 17

화양동 연구실에서

저 자

실패한 재벌정책

차 례

1 새로운 시대의 도래

1. 재벌의 원죄
2. 개방화와 재벌
3. 사이버화와 재벌
4. 선진국과 재벌

1 새로운 시대의 도래

1. 재벌의 원죄
2. 개방화와 재벌
3. 사이버화와 재벌
4. 선진국과 재벌

1. 재벌의 원죄

한국 경제가 고도성장을 달성하는 과정에서 재벌은 나름대로 큰 역할을 수행하였다. 대부분의 기업들이 중소기업 수준을 벗어나지 못하고 있을 때, 재벌은 희소한 경제자원을 그런대로 효율적으로 사용하면서 성공적으로 자본축적을 해 나갔다. 또 성장의 견인차 역할도 성공적으로 수행하였다. 고용도 창출하고 국부도 증대시켜 나갔다.

이런 과정에서 재벌은 승승장구하면서 국가경제의 구심체가 되었다. 더 나아가서 국가경제의 주도자 내지 지배자적 지위까지 확보해 나갔다.

그러나 모든 재벌이 그런 것은 아니다. 재벌 반열에까지 들어섰다가 주저앉은 기업과 기업가들도 많았다. 이들은 결과적으로 국가경제에 폐를 끼친 재벌이 되고 말았다. 재벌이 망할 때는 그 규모 이상으로 국가경제에 엄청난 충격을 주기 때문이다. 여러 재벌의 몰락이 1997년 외환위기의 도화선이 되었고, 또 외환위기 극복과정에서도 여러 재벌이 주저앉으면서 국가와 국민에게 엄청난 고통과 부담을 떠안겼다.

그런데 성공한 재벌이라고 해서 긍정적인 효과만 낸 것은 아니다. 성공한 재벌조차도 아직 국민들로부터 사랑과 존경을 받지 못하고 있다. 국민들은 재벌에 대해 뭔가 못마땅한 점을 가지고 있기 때문이다.

이것이 한국 재벌이 갖는 원죄이다. 재벌은 이 원죄를 깨끗이 씻어 내지 못하는 한 국민들로부터 사랑과 존경을 받기 어렵다. 그 원죄의 뿌리는 여러 가지로부터 찾을 수 있는데, 그 중 몇 가지를 꼽으면 정경유착, 독점이윤, 재벌가의 사익추구, 경제력집중 등을 들 수 있다.

첫 번째 원죄로 꼽을 수 있는 정경유착의 문제는 그 뿌리가 깊다. 그리고 많은 나라에서 일어나는 현상이다. 재벌이 정치권력과 유착하여 정부로부터 특혜를 받아 내고 그 대가로 정치권력에 뒷돈을 댄다는 것이 정경유착의 간단한 개념이다.

정치권력이란 대통령을 중심으로 한 집권세력을 의미한다. 이들은 국가경제를 운영하는 막강한 권한을 가지고 있다. 고도성장기에는 하루가 멀다 하고 정부가 새 사업을 일으키는데, 그 사업을 누구에게 주느냐는 정권이 가진 커다란 이권이었다.

그 사업을 배당받은 사업가는 곧바로 재벌로 부상할 수 있었다. 인가나 허가를 받은 사업자는 그 업종에서 독점적 지위를 확보하였다. 신규진입은 제한되었다. 따라서 선택된 사업가는 쉽게 성공할 수 있었다.

더 나아가 새 사업을 배당받은 재벌은 금융자원까지 배당받는 특혜를 누렸다. 금융배당은 저리의 외국차관과 은행의 저리대출이 주가 된다. 관치금융이 횡행하던 시대에는 금융배정을 정부 마음대로 할 수 있었다. 사업을 배정받은데다 특혜금융까지 배정받으면 그 이상 성공이 보장될 수 없다. 이런 기업은 승승장구하면서 순식간에 대재벌이라는 큰 성을 쌓아 갈 수 있었다.

재벌은 이러한 특혜의 대가로 정치권력에게 정치자금과 뇌물을 바친다. 뒷구멍 돈이다. 정상적인 채널을 통해 합법적으로 들어가는 검은 돈이 아니라 불법적인 채널을 통해 정치권력자에게로 들어가는 돈이다. 이런 메커니즘이 재벌의 정경유착이다.

정경유착은 그 채널과 크기를 통계적으로 밝혀 낼 수 없기 때문에 이를 자료로 입증하기는 어렵다. 그러나 재벌의 규모로 미루어 볼 때, 정경유착의 크기가 어느 정도였을지는 대략 짐작해 볼 수 있다. 과거 대통령들의 대규모 수뢰사건이나 선거철의 탈법적 후원금 사건 등은 빙산의 일각일 뿐이다. 그 장대한 스케일은 우리의 상상에 맡겨 둘 수밖에 없다.

과거 고도성장기에 재벌이 정경유착으로 커 왔다는 사실을 부인할 사람은 없다. 이러한 정경유착이 얼마나 나쁜 것인지도 논의할 필요가 없다. 정경유착은 한국 재벌이 갖는 제1의 원죄임에 틀림없다.

다행히 이제는 과거와 같이 관행적이고 장대한 스케일의 정경유착은 거의 없어졌다. 정치와 사회가 민주화됨에 따라 정경유착의 정도도 줄어들었다. 그리고 정경유착의 양태도 달라졌다.

과거 대선기간에 나타난 비자금사건 등은 아직도 정경유착의 편린이 남아 있다는 것을 보여 주지만, 이것은 과거처럼 정치권력으로부터 특혜를 누리기 위해서라기보다 정치권력으로부터 핍박을 받지 않기 위한 보험적 성격이라 볼 수 있다. 하지만, 어떤 형태이든 정경유착은 존재하였고 아직도 존재하고 있다. 재벌은 하루속히 이 원죄로부터 벗어나야 한다.

재벌의 독점이윤도 재벌이 피해 갈 수 없는 원죄이다. 재벌기업들은 판매시장과 구매시장 모두에서 독점혜택을 누렸다. 상품을 판매하는 국내시장에서는 판매독점자로서 독점혜택을 누렸고, 생산에 필요한 자원을 구매하는 생산요소시장에서는 구매독점자로서 독점혜택을 누렸다.

기업은 그 이상 좋은 조건에서 사업을 할 수 없다. 상품시장에서 판매독점자가 되면 판매가격을 높일 수 있고, 요소시장에서 구매독점자가 되면 구매가격을 낮출 수 있기 때문에, 판매수입은 높이고 구매비용은 낮추어 그 차이인 이윤을 최대화시킬 수 있다. 말하자면, 재벌은 양 시장에서 동시에 독점력을 행사할 수 있기 때문에 최대의 독점이윤을 확보할 수 있다.

상품시장의 판매독점력은 독점적 사업권에서 나온다. 정부가 인허가권을 이용해서 재벌기업에게 독점적으로 사업을 배정해 주기 때문이다. 거기다가 외국으로부터의 수입도 제한되기 때문에 외국상품으로부터의 경쟁압력도 배제된다.

따라서 국내가격은 국제가격보다 높을 수밖에 없다. 재벌은 덤핑수출을 하여도 국내시장의 독점이윤으로 이를 보전할 수 있었다. 예컨대, 같은 국산자동차라 하여도 미국에서보다 한국에서는 그 가격을 더 높게 매길 수 있었다. 국내소비자의 부담으로 수출주도정책을 추진해 나갈 수 있었던 것이다.

요소시장의 구매독점력은 노동시장과 금융시장으로부터 나왔다. 그리고 하청시장으로부터도 나왔다. 고도성장기에는 노조활동이 금지되었다. 재벌은 싼 임금으로 양질의 노동력을 무한정으로 공급받았다.

재벌은 저리의 은행대출도 싹쓸이하였다. 정책금융은 물론 일반금융도 재벌들은 쉽게 배정받을 수 있었다. 관치금융의 덕도 있었지만 재벌은 자체 담보능력이 있었고, 계열사 간의 상호지급보증까지 이용할 수 있었기 때문에 저리의 제도권 금융을 쉽게 배정받을 수 있었다.

저임금의 노동력과 저리의 자금을 가져다 쓸 수 있다면 그 이상 유리한 사업조건이 있을 수 없다. 거기다가 부품 하청업체에게도 절대적인 구매독점력을 행사할 수 있었다. 납품가격도 최대한 후려칠 수 있었다.

이와 같이 재벌은 구매독점력을 이용하여 생산단가를 크게 낮출 수 있었고, 판매독점력을 이용하여 판매가격을 최대한 올릴 수 있었다. 그 피해는 국민들에게로 넘어갈 수밖에 없다. 이것도 한국재벌이 피해 갈 수 없는 원죄이다.

다행히 이제는 양쪽 시장 모두에서 재벌의 독점력이 대폭 줄어들었다. 상품시장에서는 정부의 인허가권도 많이 약화되었을 뿐만 아니라 개방화를 통해 외국상품이 쉽게 국내시장으로 진출하고 있기 때문이다. 국내시장에서도 재벌들은 이제 외국상품과 경쟁해야 하며, 국내기업의 도전도 가벼이 할 수 없게 되었다.

생산요소시장에서도 마찬가지 현상이 일어나고 있다. 이제는 강력한 노동조합이 등장하여 재벌들의 노무관리가 매우 어렵게 되고 임금도 대폭 상승하였다. 거기다가 외국자본의 국내은행 진출로 과거와 같은 관치금융도 더 이상 유효할 수 없게 되었다. 또 재벌계열사 간의 상호지급보증도 법적으로 금지되어 재벌이라고 제도권 금융을 독식할 수는 없다.

재벌도 이제는 과거와 같이 독점력으로 기업을 지탱하기는 어렵다. 상품시장이나 요소시장이나 마찬가지이다. 그런데 그 정도는 줄어들었지만 아직도 그 원천은 살아 있다.

재벌가의 사익추구도 재벌들이 짊어지고 있는 원죄로, 아직까지 크게 비판받고 있다. 자본주의 시장경제에서 기업은, 특히 대규모 기업은 일종의 사회적 공기이다. 비록 사기업이라고 할지라도 그것은 개인의 사유물이 아닌 사회적 기관이다.

그런 만큼 기업활동의 과실은 기업활동에 종사한 사람들에게 공평하게 분배되어야 하고 사회에도 유익해야 한다. 이를 위해서는 의사결정이나 기업의 운영이 민주적이어야 하고, 기업참여자 모두에게 공평하게 이익이 되는 방식으로 이루어져야 한다.

그러나 재벌에서는 총수의 일방적 결정에 의해 독선적으로 기업이 운영된다. 총수는 자기의 사익을 우선으로 기업을 운영해 왔다. 그래서 나온 말이 황제경영이고 독단경영이다.

기업에는 수많은 이해관계자(stakeholders)가 있다. 대주주, 소액주주, 종업원, 소비자, 채권자, 하청업자, 원료공급자 등등 수많은 이해관계자에 의해 기업이 돌아간다. 이들 모두는 기업활동으로부터 정당하고 공평하게 혜택을 누려야 한다.

그런데 총수는 일방적으로 경영권을 행사하면서 자기와 가족에게 더 많은 혜택이 돌아가도록 기업을 운영해 왔다. 이와 같은 기업은 건전한 기업일 수도 없으며, 국민으로부터 사랑받는 기업일 수도 없다.

정경유착이나 독점이윤에 대한 문제는 과거에 비해 그 농도가 훨씬 묽어졌으나 재벌가의 사익추구행위는 아직도 신랄한 비판의 대상이 되고 있다. 에버랜드의 전환사채 저가발행, 현대자동차의 비자금 조성, 두산그룹의 회사 돈 유용, SK그룹의 분식회계 등은 전형적인 사익추구행위였다. 더욱이 법의 테두리를 넘어서까지 이루어진 사익추구행위이다.

재벌가의 사익추구를 방지하기 위해 도입된 화두가 투명경영과 책임경영이다. 투명경영은 총수의 전횡을 방지하기 위한 슬로건이다. 투명경영 확보를 위해 많은 장치들이 도입되었다. 특히, 외환위기 이후 재벌개혁의 과정에서 집중적으로 도입된 장치들이 투명경영 확보를 위한 것이었다.

그러나 그 장치들이 과연 의도하였던 대로 작동하고 있는지에 대해서는 의견의 일치를 보지 못하고 있다. 수많은 지배구조 개선책이 도입되었으나 새롭게 마련된 지배구조하에서도 재벌가의 사익추구행위는 계속되고 있다.

경제력집중의 문제는 정경유착, 독점이윤, 사익추구를 모두 포괄하는 재벌의 원죄이다. 경제력집중이란 한국 경제의 너무 많은 부분이 소수의 재벌가 손에 들어 있는 현상이고, 이로 인해 제반 문제가 경제력집중으로부터 야기된다.

통계로 보자면 경제활동의 거의 절반이 5대 재벌가의 손에 들어 있다. 경제력이 소수의 개인에게 너무 과도하게 집중되어 있다. 이렇게 되면 한국 경제는 이들의 손에 좌우될 수밖에 없다.

세계 10위권에 이르는 한국 경제가 불과 5명의 손에 의존한다면, 그 경제는 매우 취약한 구조일 수밖에 없으며 제대로 된 시장경제라고 보기 어렵다. 시장 자체가 원천적으로 이들 손에 좌우되기 때문에 공정한 시장경쟁이 이루어질 수 없다.

경제력집중은 재벌 자신의 책임이라기보다 잘못된 국가경영의 책임이라고 보는 것이 더 타당할 것이다. 재벌은 가능한 한 최대로 자기 사업을 키워 나가는 것이 자기 임무이다. 당연히 그렇게 해야 한다. 그러나 국가정책은 경제활동을 재벌에게만 집중시켜서는 안 된다. 비재벌부문도 그 이상으로 확장해 나갈 수 있도록 해야 한다. 그러나 우리 경제는 이런 정책에 성공하지 못하였다.

경제력집중이 재벌 스스로의 잘못은 아니라고 할지라도 이것 역시 현실적으로는 재벌이 짊어지고 있는 원죄이다. 경제력이 자기들에게 집중되어 있기 때문에 그 힘은 남용될 수밖에 없다. 힘이란 가지고 있으면 남용되는 것이 그 속성이다. 이로부터 여러 가지 재벌문제가 파생되어 나온다. 따라서 경제력집중은 더 근원적인 재벌의 원죄이다.

이와 같이 재벌은 여러 가지 원죄를 안고 있다. 재벌들은 빨리 이 원죄로부터 벗어날 노력을 해야 한다. 지금은 과거 고도성장기와는 시대환경이 달라졌다. 따라서 재벌문제도 과거와는 달라질 수밖에 없다.

특히, 정경유착의 문제는 정치 · 사회의 민주화와 더불어 더 이상 나빠질 여지는 없다. 재벌의 독점이윤도 개방화와 더불어 그 강도는 약해질 수밖에 없다. 사익추구행위도 지배구조 개선과 투명경영 확대로 점점 개선되고 있다.

그런데 경제력집중은 오히려 더 심화되는 경향이 있다. 외환위기 이후 중소재벌의 몰락으로 대재벌에 대한 의존도가 더 심화되었다. 소수 재벌가의 경제지배력은 더 커지고 있다. 이것은 재벌의 원죄일 뿐만 아니라 재벌정책의 핵심 화두로 남을 수밖에 없다.

재벌은 스스로도 경제력집중의 덫으로부터 벗어나려는 노력을 해야 한다. 이제는 시대가 변하였다. 재벌을 둘러싼 대표적 환경변화는 개방화와 사이버화라고 할 수 있다. 국내시장은 실물과 금융 모두 국제시장에 활짝 개방되었고, 앞으로 그 개방도는 점점 더 높아질 것이다. 또 IT산업의 발달로 기업환경은 사이버세계로 들어가 버렸다. 말하자면, 기업경영도 이제는 아날로그에서 디지털로 바뀌어 버렸다. 혁신적 변화에 직면해 있다.

재벌들은 이제 이러한 시대변화에 맞추어 변모하지 않으면 안 된다. 재벌은 타의에 의해 강제로 탈바꿈될 때까지 기다리지 말고 스스로 탈바꿈해 가는 노력을 경주해야 한다.

2. 개방화와 재벌

우리 나라는 OECD 가입과 외환위기 이후 기업의 구조조정을 거치면서 경제의 모든 부문이 급속도로 개방되었다. 개방에 대비할 준비도 제대로 되어 있지 않은 상황에서 갑자기, 그것도 급속도로 개방화가 추진되었다.

개방이란 외국의 자본과 물건이 자유자재로 우리 경제에 들어올 수 있는 상황을 의미한다. 과거에는 여러 가지 제도적 장치로 우리에게 필요한 것만 필요한 만큼 선별적으로 들어올 수 있도록 하였는데, 급속한 개방이 진전되면서 이와 같은 장치는 더 이상 유지될 수 없었다. 우리 경제는 이제 세계시장에 그대로 노출될 수밖에 없다.

그것도 금융시장과 실물시장이 한꺼번에 개방되었다. 금융시장의 개방은 자본개방을 의미하며, 실물시장의 개방은 수입개방을 의미한다. 외국의 자본과 외국의 상품이 거의 무제한으로 국내시장에 진출하고 있다. 실물과 금융이 개방되면 기업들은 더 이상 과거와 같은 관행으로 영업할 수 없다. 끝없는 경쟁이 불가피하다.

독점과 폐쇄성에 익숙해 있는 재벌에게 경쟁은 극복해야 할 새로운 과제가 되었다. 재벌은 경쟁이 제한된 환경에서 성장해 왔다. 그리고 그런 환경에 익숙해 있다. 하지만 이제는 국내외 구분 없이 무한경쟁체제에 직면해 있다. 무경쟁시대에 통하던 과거의 경영관행은 이제 더 이상 유효하지 않다.

거기다가 경쟁은 자유롭고 공정한 경쟁이어야 한다. 이런 경쟁은 시장경제를 한 단계 더 높은 수준으로 끌어올린다. 경쟁은 시장경제의 에센스이기 때문이다. 재벌도 그 동안 자기들이 조작해 온 위장된 경쟁에서 탈피해야 한다. 이제는 실질적 경쟁에서 버텨 내는 것이 지상 최대의 과제가 되었다.

개방은 또한 글로벌 스탠더드를 강요한다. 개방 아래서는 모든 것이 국제기준에 맞추어져야 한다. 그렇지 않고는 국제경쟁력을 키울 수 없다. 기업 또한 제도와 운영방식 등이 국제기준에 맞지 않고는 국제경쟁력을 확보하기 어려우며, 재벌도 이런 추세를 거스를 수 없다. 과거의 재벌식 폐쇄경영은 이제 더 이상 유효할 수 없다.

외환위기의 극복과정에서 자본의 개방은 매우 급속도로 진전되었다. 외화부족사태의 해결책으로 외국자본의 국내유입이 절실히 필요하였기 때문이다. 금융시장의 각 부문이 한꺼번에 열려버리면서 외국자본은 단시일에 물밀듯 들어왔다. 투기성 단기자본까지 국내자본시장의 여기저기를 휘젓고 다녔다.

금융이 개방되고 외국자본이 국내자본시장에서 큰 비중을 차지하는 상황이 되자 재벌과 금융의 관계도 변화가 불가피해졌다. 여러 은행의 경영권이 외국자본으로 넘어갔다. 은행의 경영방식도 바뀌고 관치금융도 어렵게 되었다. 정부로부터 저리의 특혜금융을 배정받는 시대도 끝났고, 저리의 제도권금융을 독차지하는 시대도 끝났다. 개방 아래서는 국내금리도 국제금리 수준을 크게 벗어날 수 없다. 재벌이 금융을 이용해 렌트를 추구하는 시대도 끝났다. 이제 더 이상 재벌이 금융시장을 지배할 수도 없고 이용할 수도 없다.

외국자본의 유입결과 현재 우리 나라 증권시장은 40% 정도를 외국자본이 차지하고 있다. 거기다가 국민은행, POSCO 등 국내 유수의 기업들은 외국자본이 70% 이상의 주식지분을 확보할 정도가 되었다. 그 밖에 삼성전자, KT 등 많은 유수 대기업들도 외국인 지분이 50%를 넘나들고 있다. 이로 인해 외국자본에 의한 경영권 공격이 새로운 경제문제로 대두되었다. SK를 공격한 소버린의 자본은 한때 사회적 이슈가 되기도 하였다. 재벌은 더 이상 과거와 같이 경영권을 안정적으로 보장받을 수도 없다.

재벌기업도 외국자본에 의한 적대적 M&A의 타깃이 되었다. 그동안 재벌기업을 공격할 국내자본은 없었다. 그러므로 재벌기업은 항구적으로 경영권 안정을 보장받았다. 그래서 나온 말이 규모가 크면 죽지 않는다는 의미의 대마불사론(大馬不死論)이다. 재벌은 규모만 키워 놓으면 경영부실의 징후가 나타나도 완전히 망하지 않는 한 어느 누구에 의해서도 M&A당하지 않았다. 그러나 자본개방 이후에는 이야기가 달라졌다. 재벌도 약점만 보이면 경영권 공격을 받는다. 이미 SK그룹에서 그런 현상이 나타났다. 우리 나라에서도 이제 경영권시장이 열리기 시작하였다.

재벌도 경영에 실수가 있을 때는 경영권 공격을 받아야 한다. 그렇지 않고는 재벌의 경쟁력이 키워질 수 없다. 자본시장 개방은 이런 면에서 재벌을 더욱 튼튼하게 해 줄 수 있는 긍정적 기능을 가진다. 미꾸라지 양식장에서는 메기가 미꾸라지들을 강하게 만드는 역할을 하는데, 국내의 경영권시장에서는 외국자본이 메기 역할을 수행할 수 있다. 국내자본이 메기 역할을 못하니 외국자본이라도 그런 역할을 수행하는 것은 불가피하다. 미꾸라지가 강하게 자라듯 우리 재벌들도 경영권을 방어하고 외국자본에게 먹히지 않기 위해 건실하고 튼튼하게 기업을 경영해야 할 것이다.

실물시장의 개방은 재벌이 국내시장을 더 이상 독점적으로 유지할 수 없게 만들고 있다. 과거에는 국내시장의 독점이윤으로 국제시장에서의 경쟁압력을 보전하기도 하였다. 그러나 이제는 이런 재벌전략이 불가능해졌다. 국내시장에서도 국제시장에서와 똑같이 외국상품과 경쟁해야 한다. 전자시장도 열리고 자동차시장도 열렸다. 거의 모든 시장이 열렸다. 재벌상품의 국내가격도 국제가격을 크게 벗어날 수 없다. 국내시장에서도 재벌은 더 이상 독점에 안주할 수 없다. 바야흐로 재벌도 무한경쟁시대에 직면해 있다.

이와 같이 시장의 개방으로 재벌은 더 이상 과거와 같은 기득권과 시장지배력을 유지할 수 없다. 이러한 시대변화는 과거의 재벌식 기업경영을 불가능하게 만들고 있다. 재벌의 탈바꿈은 시대적 요청이다. 재벌들도 선진화를 모색해야 한다.

3. 사이버화와 재벌

인류역사에서 인간의 생활을 획기적으로 변화시킨 사건이 몇 개 있었는데, 그 중 대표적인 것이 불과 문자의 사용이다. 근세에 와서 여기에 버금가는 사건이 전기의 사용이다.

인간은 불을 자유자재로 사용할 수 있게 됨으로써 새로운 의식주 문화를 만들었다. 문자의 사용은 인간을 지식의 동물로 발전시켰다. 전기의 사용은 기계문명의 발전을 일으켰다.

그런데 오늘날에도 불의 사용, 문자의 사용, 전기의 사용에 버금가는 또 하나의 사건이 진행되고 있다. 그것은 바로 인터넷의 사용이다. IT기술의 발달은 인간의 생활방식을 또 한번 완전히 바꾸어 놓고 있다.

IT기술의 발달은 정보통신의 개념을 뿌리채 뒤흔들고 있다. 정보의 습득과 전달방식이 완전히 달라졌다. 마치 산이 바다가 된 것만큼이나 달라져 버렸다. 정보의 양과 질은 물론 소통의 방식이 달라졌다.

사이버공간이 인간의 새로운 생활공간으로 등장하였다. 이제 인간은 사이버공간에서 홍수처럼 쏟아지는 정보의 급류 속을 헤쳐 다니면서 살아가고 있다. 이런 현상을 인간생활의 사이버화라고 할 수 있다. 이제 인간생활의 많은 부분이 사이버공간에서 이루어지면서, 이 공간은 인간생활의 필수품이 되었다.

이런 변화는 기업의 운영방식도 바꾸어 가고 있다. 기업경영의 개념 자체가 바뀌고 있다. 기업과 관련된 모든 정보는 사이버공간에 공개된다. 그리고 기업에 관한 정보의 습득과 전달도 모두 사이버공간을 통해 이루어진다. 이러한 기업경영의 사이버화는 투명성과 책임성을 끝없이 증대시키고 있다.

그 동안 재벌식 경영의 중요 문제점 중 하나는 투명성과 책임성의 부족이었다. 경영이 투명하지 않았기 때문에 총수와 그 일가에 의한 사익추구가 가능하였다. 투명성이 없었기 때문에 기업경영에 견제와 균형의 메커니즘이 작용하지 않았을 뿐만 아니라 감시기능도 제대로 작동하지 않았다.

총수는 회사의 이익보다는 개인의 이익을 우선시하는 의사결정이나 경영집행을 해 올 수 있었다. 그리고 이런 행위에 대해 책임도 지지 않는 황제경영을 하였다. 그러나 경영관련 정보들이 쉽게 노출되고 일반인들이 쉽게 접근할 수 있다면 이런 경영행위는 더 이상 통용될 수 없다.

과거처럼 비밀스러운 경영관행은 더 이상 통용될 수 없다. 기업감시도 쉬워졌고, 정부의 정책집행도 용이해졌다. 지배구조 개선정책이나 투명성 제고정책은 쉽게 집행될 수 있다. 이와 같이 사이버시대의 도래는 기업 자체의 투명성도 증가시켜 줄 뿐만 아니라 정부의 투명성 제고정책도 더욱 효율적으로 집행할 수 있게 해 준다.

각종 공시제도는 기업정보를 투명화시키는 장치인데, 사이버시대 이전에는 이런 공시제도가 그 효과를 제대로 발휘할 수 없었다. 그러나 사이버화는 기업의 공시제도가 매우 유효하게 작동하도록 만들었다. 사이버공간을 통해 쉽게, 신속하게 그리고 정확하게 기업공시가 이루어진다. 그리고 누구나 언제든지 접근할 수 있다. 이러한 공시의 강화는 경영투명성을 한층 더 제고시킨다.

재벌은 이러한 시대의 흐름에 순응하지 않을 수 없다. 경영투명성이 제약받았던 과거의 재벌식 경영관행은 이제 포기하지 않을 수 없다. 재벌의 탈바꿈은 시대의 요청이고 거역할 수 없는 역사의 흐름이다.

사이버화는 모든 정보의 유통속도를 빛의 속도로 증대시켰다. 정보는 공개와 동시에 관련당사자들이 접근할 수 있다. 공개와 반응이 거의 동시성이 될 정도로 정보의 유통속도가 빨라졌다.

이러한 속도성은 기업경영의 책임성을 증대시키고 있다. 경영의 실수와 실패가 빠르게 판명될 수 있다. 기업정보가 빠르게 공개되고 관련당사자가 이 정보에 빠르게 반응함으로써 기업경영이 빠르게 평가받을 수 있기 때문이다. 이렇게 되면 거기에 따른 책임소재도 빠르고 쉽게 판명될 수 있다.

재벌식 경영의 중요 병폐 중 하나가 총수의 불명확한 경영책임이었다. 총수는 막후에서 실질적으로 경영권을 행사하는 최고경영자이면서 경영실수나 경영실패에 대해 책임을 지지 않았다. 총수의 경영실수나 경영실패는 확인하기도 어려웠고, 설사 확인이 된다고 해도 거기에 대해 책임을 물을 수 없었다. 이 때문에 총수는 무소불위의 경영권을 행사하면서 사익추구 경영을 우선시할 수 있었다. 그러나 총수의 경영실수나 경영실패가 쉽고 빠르게 판명나고 거기에 대해 책임을 물을 수 있다면 재벌의 경영책임성은 한층 더 제고될 것이다. 기업경영의 사이버화는 총수의 경영책임뿐만 아니라 전문경영인의 경영책임도 증대시킨다.

이와 같이 재벌의 경영투명성과 경영책임성이 제고되면 과거의 재벌식 경영관행은 더 이상 발붙이기 어렵다. 새 시대의 도래와 더불어 재벌의 변화는 선택과목이 아니라 필수과목이고 거역할 수 없는 시대의 요구이다. 재벌도 스스로 변화에 순응하는 것이 가장 현명하다.

4. 선진국과 재벌

우리 나라는 지금 선진국에 진입하는 것을 목표로 하고 있다. 1997년의 외환위기 당시에 1인당 GDP가 1만 달러에 도달하였고, 그 후 10여 년이 지난 지금 2만 달러에 접근해 있다. 이제는 선진국 진입이 당면한 과제이다.

선진국이 되기 위해서는 GDP뿐만 아니라 모든 제도와 관행이 선진화되어야 한다. 이 중에 빼놓을 수 없는 것이 기업제도의 선진화이다. 후진국에서 중진국으로 가는 데는 재벌시스템이 유효하였다. 한국 모델이 그것을 입증하고 있다. 그러나 선진국은 또 다른 개념이다. 선진국이 되기 위해서는 선진국으로 이끌어 줄 수 있는 새로운 모델이 필요하다.

한국은 세계역사상 그 예를 찾아볼 수 없을 정도의 고도성장을 이룩하였다. 30여 년 사이에 극빈국에서 일약 중진국으로 도약하였다. 이 과정에서 매우 중요한 역할을 수행한 조직이 재벌이다. 재벌이 성장의 견인차 역할을 충실히 수행하였고, 재벌을 이용한 성장 전략이 성공하였다.

그런데 놀랍게도 세계의 어느 선진국도 한국의 재벌과 같은 기업제도가 국가경제를 주도하는 나라는 찾아볼 수 없다. 재벌을 이용하여 선진국으로 도약한 예도 찾기 힘들다. 지금 우리 나라의 재벌과 비슷한 기업조직이 성행하고 있는 나라는 동남아시아와 남아메리카이다. 아쉽게도 이들 중에는 아직 선진국이 없으며, 조만간 선진국으로 진입하리라고 보는 나라도 없다.

중진국을 만들어 낸 재벌로 선진국까지도 만들어 낼 수 있을까? 몇몇 개인과 그 가족이 국가경제를 주도하는 시스템으로 선진경제를 만들어 낼 수 있을까? 재벌이 선진화 전략의 첨병역할도 수행할 수 있을까? 우리는 이와 같은 문제들에 대해 진지하게 고민해 보아야 한다.

선진국의 대기업들은 70% 이상이 소유와 경영이 분리된 전문경영인 기업이다. 반면에 우리 나라의 대기업들은 모두가 소유자기업이고, 세습되는 기업이다. 재벌이 바로 소유자기업이기 때문이다. 일본은 고도성장기에 재벌을 대체하는 새로운 기업시스템을 창출하였다. 케이레츠라는 것이 그것이다. 모두가 소유와 경영이 분리된 전문경영인 기업이다. 이를 통해 세계 최고의 경제선진국을 이룩해 냈다.

국가의 모든 시스템을 선진국 스탠더드에 맞추어야 우리 나라도 선진국으로 갈 수 있다. 이런 관점에서 재벌식 기업제도에 대해 매우 진지하게 논의가 이루어져야 한다. 재벌에 의존하고, 재벌에게 더 많은 힘을 실어 주어서 우리 나라가 선진국이 될 수 있을까?

소유와 경영이 분리된 기업이라고 우수한 기업은 아니다. 전문경영인 기업과 소유자기업 중 어느 것이 우월한지는 답이 없다. 답이 있을 수도 없다. 시기에 따라, 장소에 따라, 업종에 따라, 경영자에 따라 이것이 우월할 수도 있고, 저것이 우월할 수도 있다.

그러나 우리 나라에서처럼 100%의 대기업이 모두 소유자지배 기업이라는 점은 이해하기 어려운 상황이다. 선진국을 지향하는 나라가 선진국과는 전혀 다른 상황을 보이고 있다. 그리고 이 점을 개선하자는 외침도 별로 없다. 그러면서 선진국만 외치고 있다.

기업시스템이 선진화되지 않고는 선진국이 되기 어렵다. 선진국에서 보편화되어 있는 기업제도가 우리 나라에서도 보편화되어야 선진국이 될 수 있는 조건이 충족되는 것이다. 선진국에서 보편화되어 있는 기업시스템은 전문경영인 지배시스템이다. 모든 대기업이 전문경영인 기업이 될 필요는 없다. 그러나 모든 대기업이 재벌이라는 것도 선진화 코드와는 맞지 않는다. 우리 나라도 전문경영인 기업이 선진국에 준하는 수준은 되어야 한다.

후진국 기업시스템으로 선진국을 달성하자는 것은 오기에 지나지 않는다. 선진국이 되기 위해서는 모든 것이 선진국다워야 한다.

하물며 선진국 진입을 위해 선도적 역할을 수행해야 할 기업부문에서야 더 말할 나위가 있을까?

재벌식 기업은 선진 모델로 탈바꿈해야 한다. 그래야 우리 나라도 선진국이 될 수 있다. 재벌정책은 재벌식 기업을 선진화된 기업으로 바꾸는 것이어야 한다.

2

재벌이란

1. 재벌의 개념
2. 재벌의 집단성
3. 재벌의 가족성
4. 재벌의 규모성
5. 재벌과 비재벌

2

재벌이란

1. 재벌의 개념
2. 재발의 집단성
3. 재벌의 가족성
4. 재벌의 규모성
5. 재벌과 비재벌

1. 재벌의 개념

생산활동을 담당하는 경제주체는 기업인데, 한국에서의 주요 민간기업들은 재벌이라고 불리는 또 다른 형태의 기업조직을 만들어 운영하고 있다. 생산활동의 기본 단위는 하나하나의 개별 기업이지만 재벌은 이런 기업들로 구성된 기업들의 집합체이면서도 마치 단일기업인 것처럼 운영되는 기업조직이다.

이 때문에 재벌은 가끔 대규모 복합기업(conglomerates)이라고 불리기도 한다. 복합기업은 단일기업이면서 규모가 크고 폭넓게 다각화되어 있는 기업을 의미하는데, 재벌은 여러 기업의 집합체이지만 마치 하나의 기업인 것처럼 운영되기 때문에 이를 복합기업이라고 부르기도 한다. 따라서 재벌은 폭넓게 다각화된 기업의 독특한 형태라고 볼 수 있다.

〈그림 2-1〉에서 보는 것처럼 대규모 기업집단은 먼저 민간기업과 공기업으로 구분할 수 있다. 민간기업은 민간소유의 사익추구 기업이고, 공기업은 국가소유의 공익추구 기업이다. 민간기업은 다시 재벌과 전문경영인 기업으로 구분할 수 있다. 재벌은 특정 가족이

그림 2-1 재벌과 기업집단의 구분

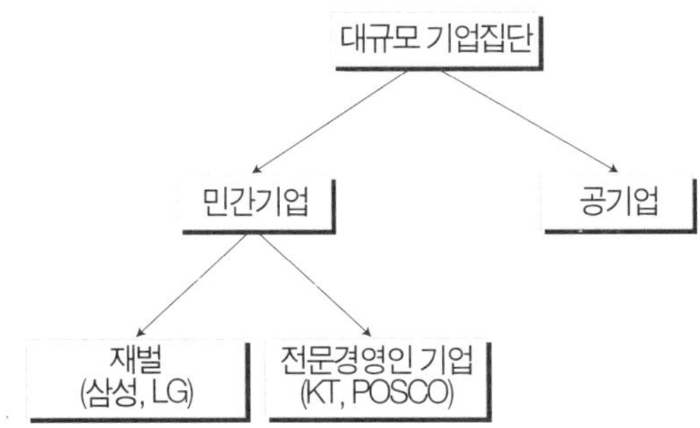

지배하는 기업집단이고, 전문경영인 기업은 소유와 경영이 분리되고 전문경영인이 지배하는 기업집단이다. 이와 같이 재벌은 기업집단의 여러 형태 중 하나이다.

그러나 우리 나라 공정거래법은 이런 구분 없이 기업집단이라는 하나의 개념하에 재벌정책을 추진하고 있다. 한국전력이나 대한주택공사와 같은 공기업도 기업집단으로 지정되어 재벌정책의 대상이 되고, POSCO와 같이 소유와 경영이 분리된 전문경영인 기업도 재벌정책의 대상이 된다.

이 때문에 재벌정책에 여러 가지 오해와 혼란이 일어난다. 본래 재벌정책은 한전이나 POSCO와 같은 공기업이나 전문경영인 기업을 대상으로 설계된 것이 아니고, 삼성이나 LG와 같은 재벌을 대상으로 설계된 것이다.

재벌 당사자들은 재벌이라는 용어를 싫어한다. 그러다 보니 재벌정책을 도입하면서 기업집단이라는 용어를 사용하였다. 기업집단은 일본에서 사용하고 있는 법률용어이다. 일본의 기업집단은 한국의 재벌과 엄연히 구분되는 개념인데도 기업집단이라는 용어로 재벌정책을 도입하다 보니 재벌정책의 대상이 될 필요가 없는 공기업집단이나 전문경영인 기업집단까지 재벌정책의 대상이 되고 있다. 예컨대, 한국전력공사, 한국도로공사, 대한주택공사, POSCO, KT 등도 재벌정책의 대상이 되고 있다. 이런 문제는 재검토가 필요한 사항이다.

공정거래법에 재벌규제가 처음 도입되었던 1987년에는 이러한 구분이 분명하고 재벌만을 대상으로 재벌정책이 적용되었다. 그런데 그 이후 공정거래법이 개정되면서 재벌과 기업집단을 뒤섞는 혼란이 일어났다. 재벌의 저항을 무마하는 차원에서 물타기를 한 결과이다.

우선 재벌의 개념부터 명확히 해 보면 재벌은 그 특성을 세 가지로 요약·정리할 수 있다. 첫째는 다각화된 여러 기업들로 구성되는 기업집합체라는 점이고(재벌의 집단성), 둘째는 특정 가족이 지배하는 기업이라는 점이고(재벌의 가족성), 셋째는 규모가 매우 크다는 점이다(재벌의 규모성). 이 세 가지 특성을 모두 충족시키는 기업조직을 재벌이라고 정의할 수 있다.

2. 재벌의 집단성

먼저 기업집합체라는 재벌의 첫 번째 특성에 대해 살펴보기로 한다. 한 재벌은 수십 개의 기업들로 구성된 기업그룹이다. 〈표 2-1〉에서 보는 것처럼 한 재벌은 수십 개의 기업을 계열기업으로 거느리고 있다. 이 때문에 재벌은 적어도 구성기업들의 수만큼은 다각

표 2-1 대표적 재벌의 계열회사수(1987~2004)

순위	1987	1993	1999	2004
삼성	36(17)	55(34)	49(27)	63(30)
LG	57(21)	54(32)	48(31)	46(28)
SK	16(12)	32(23)	41(28)	59(25)

주: ( ) 속의 숫자는 중분류업종의 수.
자료: 공정거래위원회.

화(diversification)가 이루어져 있다. 때로는 개별 기업들도 나름대로 자기의 주종업종을 가지면서 어느 정도 다각화가 이루어져 있다. 따라서 이런 기업들을 계열기업으로 거느리는 재벌은 계열기업의 수 이상으로 폭넓게 다각화가 이루어져 있다.[1] 이와 같이 재벌이 수십 개의 계열기업을 거느린다는 것은 그만큼 다각화가 이루어져 있다는 것을 나타낸다.

재벌의 다각화 정도는 두 가지 각도에서 파악할 수 있다. 하나는 재벌이 참여하고 있는 업종 전체를 산업분류에 맞추어 분리시킨 후 다각화 정도를 파악하는 것이고, 다른 하나는 개별 계열기업이 각기 독립업종에 참여하고 있다는 것을 전제로 하여 계열기업의 수로 다각화 정도를 파악하는 것이다.[2] 어느 방법으로 접근하느냐는 전적으로 업종분류를 어떻게 하느냐에 달려 있다.

어쨌든 계열기업들이 동일업종에 참여하고 있지 않는 한 재벌이 계열기업의 수를 늘리는 것은 다각화의 한 방법이라고 볼 수 있다. 따라서 한 재벌이 수십 개의 계열기업으로 구성되어 있다는 것은 그만큼 폭넓게 다각화가 이루어져 있다는 것을 의미한다.

❶ 중분류산업을 기준으로 재벌의 다각화를 조사한 자료에서는 다각화 업종이 계열기업의 수보다 적기도 하다. 그러나 산업을 더욱 세분시켜 보면 다각화 업종의 수는 계열기업의 수보다 많다.

❷ Jeong-Pyo Choi and Thomas G. Cowing, "Diversification, Concentration and Economic Performance: Korean Business Groups," *Review of Industrial Organization*, 21, 2002, pp. 271~282 참조.

한국의 재벌이 어느 정도 다각화되어 있는지는 〈표 2-1〉에 요약 정리되어 있다. 삼성그룹은 36개(1987)의 계열기업이 63개(2004)까지 증가하면서 참여업종을 폭넓게 넓혀 왔다. SK는 삼성보다 작은 규모이지만 동 기간에 가장 빠른 속도로 다각화를 증대시켜 왔다. 이와 같이 재벌의 가장 중요한 특성은 여러 기업들의 집합체이면서 폭넓게 다각화가 이루어져 있다는 점이다.

3. 재벌의 가족성

재벌의 두 번째 특성으로 지적되는 가족 중심의 지배구조는 소유와 경영이 분리되지 않았다는 것으로서, 이것은 그룹 전체를 마치 하나의 기업인 것처럼 만드는 핵심적 요인이 된다. 각 재벌은 특정 개인과 그 가문의 지배를 받는다.

지배의 원천은 계열출자이다. 특정 개인과 그 가족은 〈표 2-2〉의 친족지분을 이용해 먼저 중핵기업에서 개인 대주주의 지위를 확보한다. 그 다음은 이를 바탕으로 중핵기업이 출자한 다른 회사에 대해서도 지배권을 확보한다. 이렇게 되면 중핵기업의 개인 대주주는 궁극적으로 그룹 전체에 대해 지배권을 확보할 수 있다. 이런 지

표 2-2 대표적 재벌의 내부지분율(1989~2004) 단위: %

순위	1989	1993	1999	2004
삼성	50.3(8.0)	52.9(5.1)	42.5(2.0)	41.45(5.65)
LG	33.8(9.8)	38.8(5.3)	52.4(3.7)	42.71(8.13)
SK	46.1(15.5)	48.6(19.6)	66.8(6.3)	52.02(2.02)

주: ( ) 속의 숫자는 대주주 친족지분.
자료: 공정거래위원회.

배구조하에서는 한 재벌에 포함되어 있는 모든 계열기업들이 특정 개인과 그 가족의 지배하에 귀속될 수밖에 없고, 그룹 전체는 마치 하나의 기업인 것처럼 운영된다.

계열기업은 구미 선진국의 대규모 복합기업이 운영하는 사업부와 비슷한 위상으로 전락한다. 재벌의 계열기업은 법률적으로는 독립적인 법인이지만, 실질적으로는 한 사람의 경영지배하에서 운영되는 그룹 전체의 한 부서와 같다.

기업은 독립적인 주주를 구성하면서 독립적인 내부조직을 만들고 있다. 그리고 개별 기업은 시장에서 독립적인 경제주체로 독립적인 경제활동을 수행하면서 독립적인 시장경쟁의 주체가 된다. 그러나 재벌에서는 기업단위의 독립성은 무력화된다. 그리고 그룹 전체가 마치 하나의 기업인 것처럼 운영되고 유지된다. 그 이유는 그룹 전체가 가족기업이기 때문이다.

4. 재벌의 규모성

세 번째로 지적되는 재벌의 특성은 그 규모가 매우 크다는 것이다. 재벌은 그룹 전체로의 규모도 매우 클 뿐만 아니라 그 속에 들어있는 개별 기업들의 규모도 크다.[3] 계열기업의 규모가 크기 때문에 이들로 구성된 그룹 전체의 규모가 매우 크고, 국가경제에서 차지하는 비중이 매우 높을 것은 자명하다.

한국의 대표적 재벌이 어느 정도의 크기이고 국가경제에서 어느

---

❸ 우리 나라의 대규모 민간기업 대부분은 특정 재벌의 계열기업이다. 그러나 재벌의 계열기업 중에는 중소규모의 기업도 더러 발견된다.

표 2-3 대재벌의 규모와 국가경제에서의 비중, 자산기준, 금융제외(1987~2004) 단위: 10억 원

순위	1987	1993	1999	2004
삼성	6,766(4.67)	20,388(4.70)	64,777(6.27)	83,492(7.63)
LG	6,997(4.83)	25,482(5.87)	46,151(4.46)	58,571(5.36)
SK	2,816(1.94)	10,690(2.46)	39,581(3.83)	47,463(4.34)

주: ( ) 속의 숫자는 국가경제 내에서 차지하는 % 비중.
자료: 공정거래위원회, 한국은행(기업경영분석).

정도의 비중을 차지하고 있는지가 〈표 2-3〉에 정리되어 있다. 2004년을 기준으로 볼 때 삼성그룹은 자산규모가 83조 원에 이르면서 국내기업자산의 7.63%를 차지하고 있다. LG그룹과 SK그룹이 국내기업자산에서 차지하는 비중은 각각 5.36%와 4.34%이다. 이와 같이 한 재벌은 그 규모가 매우 크면서 국가경제에서 차지하는 비중도 매우 높다.

재벌의 규모는 재벌에 의한 경제력집중(economic concentration) 문제로 연결된다. 특정 재벌 또는 일정 수의 재벌군이 한국 경제에서 차지하는 비중이 너무 크기 때문에 나타날 수 있는 제반 폐해를 경제력집중의 문제라고 한다.

우리 경제에서 5대 재벌군이 차지하는 비중은 25%를 넘어서고 있다. 재벌의 두 번째 특성(가족성)과 연결해 볼 때 5대 재벌에 의한 집중률이 25%에 이른다는 것은 5명의 개인 또는 그 가족이 한국 경제의 25%를 직접 장악하고 있다는 것을 의미한다. 경제력집중이 매우 높다고 하지 않을 수 없다.

5. 재벌과 비재벌

지금까지 논의된 재벌의 특성을 요약・정리하면, "재벌은 수많은 계열기업을 거느리면서 광범위하게 다각화되어 있고(집단성), 특정 가족의 지배하에 귀속되어 그룹 전체가 마치 하나의 기업인 것처럼 운영되고(가족성), 규모가 매우 커서 국가경제 전체에서 차지하는 비중이 매우 크다(규모성)."

이 중 어느 하나의 조건이 결여되어도 재벌이라고 볼 필요는 없다. 만약 집단성이라는 첫 번째 특성이 충족되지 않는다면 비록 두 번째(가족성) 및 세 번째 특성(규모성)이 충족되더라도 재벌이라고 정의할 필요가 없다. 이 때는 한 업종의 전문대기업이라고 정의하는 편이 더 타당할 것이다. 예컨대, 현대자동차(주)가 자동차만 생산하는 단일기업이라면 비록 그 규모가 매우 크고 특정 가족의 지배를 받는다고 해도 구태여 재벌이라고 정의할 필요가 없다. 이 때는 〈그림 2-1〉의 기업집단 범주에서도 아예 빠져버린다. 여러 기업들로 구성된 기업집단도 아니고 광범위한 업종으로 다각화되어 있지도 않기 때문이다.[4]

자동차 전문회사가 특정 가족의 지배를 받으면서 그 규모가 엄청나게 클 때 나타날 수 있는 경제적 폐해는 독점문제나 시장지배력 문제일 것이다. 이 문제는 반독점정책(antitrust policy)으로 치유될 수 있기 때문에 구태여 재벌정책을 동원할 필요가 없다. 미국의 포드(Ford)사는 포드 가문의 지배를 받으면서 세계적 규모의 자동차 메이커인데도 재벌이라고 부르지 않았다. 전문화된 대규모 기업일

[4] 현대자동차(주)는 특정 가문의 지배를 받는 국내 4위 규모의 기업집단으로 28개의 계열회사를 거느리고 있다(2004년 기준). 그리고 계열사에는 철근회사도 있고 금융회사도 있다. 따라서 현재 현대자동차(주)는 재벌의 세 가지 특성 모두를 충족시키고 있다.

뿐이다.

만약 위에서 논의한 재벌의 세 가지 특성 중 두 번째 특성(가족성)이 충족되지 않아도 재벌이라고 정의할 필요가 없다. 비록 첫 번째(집단성) 및 세 번째 특성(규모성)이 충족되어 여러 기업들이 모여 하나의 그룹을 만들고 그 규모가 매우 크다고 해도, 이들이 특정 가문의 지배하에 귀속되어 있지 않다면 재벌이라고 정의할 필요가 없다. 이는 〈그림 2-1〉의 전문경영인 기업의 범주에 속하는데, 일본의 케이레츠(系列)가 여기에 해당한다.

일본에서는 재벌문제가 거론되지 않는다. 일본에서는 기업집단도 개별 기업단위로 독립적인 전문경영인의 지배를 받기 때문에 가족지배와는 무관하다. 즉, 소유와 경영이 분리되어 있다.

일본의 기업집단은 계열사끼리의 결속력이 매우 약하다. 형식적으로는 집단을 만들고 있지만 내용적으로는 개별 기업단위로 독립경영을 수행하는 체제이다.

이러한 기업집단에서는 재벌문제가 제기될 이유가 없다. 우리나라에서도 KT, POSCO 등은 기업그룹이고 규모가 매우 크지만 특정 가족의 지배하에 귀속되어 있는 기업이 아니기 때문에 재벌이라고 규정할 필요는 없다.[5]

끝으로 위에서 논의된 세 가지 재벌의 특성 중 세 번째 특성(규모성)이 충족되지 않아도 이를 재벌이라고 볼 필요는 없다. 여러 기업들의 집합체이고 특정 가족의 지배하에 귀속된다는 첫 번째 및 두 번째 특성이 충족되어도 규모가 매우 크다는 세 번째 특성이 충족되지 않으면 이는 재벌이 아니다.

---

❺ 2004년 기준으로 KT와 POSCO는 각각 재계순위 7위 및 10위의 대규모 기업그룹이고, 각각 11개와 16개의 계열사를 거느리는 기업집합체이다. 그러나 소유와 경영이 완전히 분리되어 있고, 특정 가문의 지배를 받는 기업은 아니다.

중소기업들이나 중견기업들도 기업그룹을 만들고 특정 가족의 지배를 받는 경우가 많다. 그러나 이런 그룹들은 규모가 작기 때문에 국가경제에서 차지하는 비중이 매우 낮다. 따라서 이런 기업들에서는 재벌문제가 거론되지 않는다. 이와 같이 규모가 작으면 비록 기업그룹이 만들어져 특정 가족의 지배하에 들어 있다고 해도 이들을 재벌이라고 규정할 필요는 없다.

지금까지 논의된 것처럼 재벌은 단순한 기업집단이 아니라 몇 가지 특성을 동시에 충족시키는 기업집단이다. 〈그림 2-1〉의 분류에서 보듯 재벌은 민간기업 중 전문경영인 기업을 제외한 기업집단을 의미한다.

재벌정책은 재벌로부터 파생되는 제반 경제적 문제를 교정하는 정책이어야 한다. 그러나 공정거래법상의 재벌정책은 이러한 구분이 없이 대규모 기업집단 모두를 대상으로 하고 있다. 따라서 이 정책은 재벌정책이 아니라 기업집단정책이다. 필요한 것은 기업집단정책이 아니라 재벌정책이고, 재벌정책은 재벌만을 대상으로 해야 한다.

참고로 현행 공정거래법을 기준으로 공정거래위원회가 발표한 2006년도의 10대 기업집단을 정리해 보면 〈표 2-4〉와 같다. 이들은 모두 직접 상호출자와 상호채무보증이 금지된다. 그런데 출자 총액제한을 받는 집단은 이 중 일부만 대상이 되고 나머지는 출자총액제한제도 졸업기준에 해당되어 모두 빠져나가고 있다. 그런데 졸업기준에 의해 빠져나가는 기업집단은 공교롭게도 모두 공기업이거나 전문경영인기업이다.

〈표 2-4〉의 분류표에서 재벌로 표시된 기업집단만 출자총액제한제도 적용대상으로 남고 나머지는 모두 빠져나가고 있다. 어차피

표 2-4 2006년도 10대 기업집단

순위	기업집단	총수	자산(조 원)	계열사 수	분류
1	삼성	이건희	115.9	59	재벌
2	한전	–	102.9	11	공기업
3	현대자동차	정몽구	62.2	40	재벌
4	SK	최태원	54.8	56	재벌
5	LG	구본무	54.4	30	재벌
6	한국도로공사	–	34.6	3	공기업
7	롯데	신격호	33.0	43	재벌
8	대한주택공사	–	30.8	2	공기업
9	POSCO	–	30.2	21	전문경영인 기업
10	KT	–	27.5	12	전문경영인 기업

자료: 공정거래위원회(2006).

공기업과 전문경영인 기업은 제외하고 재벌만 대상으로 하는 것인데, 처음부터 〈그림 2-1〉의 기준에 의해 재벌을 별도로 정의하여 재벌만을 정책의 대상으로 삼는 것이 더 간편하고 분명하고 효과적이지 않을까. 필요한 것은 재벌정책이지 기업집단정책이 아니기 때문이다.

3

재벌문제의 본질은 경제력의 집중

1. 경제력집중: 왜 문제인가
2. 경제력집중: 어느 정도인가
3. 경제력집중: 왜 규제되어야 하는가
4. 경제력집중: 어떻게 규제할 것인가

재벌문제의 본질은 경제력의 집중

1. 경제력집중: 왜 문제인가
2. 경제력집중: 어느 정도인가
3. 경제력집중: 왜 규제되어야 하는가
4. 경제력집중: 어떻게 규제할 것인가

1. 경제력집중: 왜 문제인가

경제력집중의 문제는 소수 대재벌이 한국 경제 내에서 차지하는 비중이 너무 높기 때문에 나타나는 제반 문제들을 총칭한다. 경제력집중(economic concentration)도 시장집중(market concentration)과 마찬가지로 기본적으로는 힘의 집중으로 인해 초래된다. 정치나 경제나 한 개인에게 너무 많은 힘이 집중되면 그 힘은 악용되거나 남용되기 마련이다. 정치에서는 독재로 나타나고, 경제에서는 독점으로 나타난다.

시장집중은 독점현상을 의미하기 때문에 시장집중이 높아지면 주도기업에 의한 시장지배력(market power)이 커지면서 시장이 반경쟁적(anticompetitive)으로 운영된다. 이와 같이 시장집중으로 인한 문제는 단순하고 명료하다.

그러나 경제력집중은 특정 시장이 아니라 경제 전체를 대상으로 소수의 대기업이 차지하는 비중이 너무 높아질 때 나타나는 현상이기 때문에 논의의 범위가 더욱 넓어진다. 그리고 이로 인한 문제도 매우 복잡하고 다양하게 나타난다.

바이스(L. L. Weiss)와 캐스웰(J. A. Caswell) 등은 경제력집중으로 인한 문제를 경제분야와 비경제분야로 나누어 논의하였다.❶ 먼저 경제분야에서는 경제력집중도 결국 시장집중을 야기시켜 시장을 반경쟁적으로 만들면서 경제성과(economic performance)를 떨어뜨릴 것이라고 보았다.

비경제분야에서는 집중된 힘을 가진 소수의 대기업들이 정치적·사회적 의사결정과정을 비민주화시켜 국가운영 자체를 자기들 중심으로 이끌어 나가게 될 것이라는 더욱 본질적인 문제점을 지적하였다. 시장경제 자체가 원천적으로 왜곡될 가능성이 있다는 지적이다. 경제운영의 틀 자체를 자기들 중심으로 만들어 나갈 수 있기 때문이다.

바이스는 경제분야에서 야기될 경제력집중의 문제보다 비경제분야에서 야기될 경제력집중의 문제에 더 큰 확신을 가지고 있다. 한국에서는 정경유착 등이 비경제적 분야에서 나타난 대표적인 경제력집중 문제라고 볼 수 있다. 정경유착을 통해 시장을 무력화시키고 경제운영의 질서를 자기들 마음대로 조작하였다.

경제력집중현상이 처음 자료로 제시된 것은 벌리(A. A. Berle)와 민스(G. C. Means)에 의해서이다.❷ 이들은 미국에서 비금융부문만을 대상으로 하였을 때 1930년대에 이미 200대 기업이 총기업자산의 49.2%를 차지한다는 경제력집중현상을 발견하였다. 이러한 집중현상은 점점 증가한다고 보았다.

---

❶ Leonard L. Weiss, "The Extent and Effects of Aggregate Concentration," *Journal of Law and Economics*, 26(2), June 1983, pp. 429~455와 Julie A. Caswell, "Aggregate Concentration: Significance, Trends, and Causes," *Issues after a Century of Federal Competition Policy*, ed. by Robert L. Wills, Julie A. Caswell, and John D. Culbertson, Lexington Books, 1987, pp. 237~249 참조.

❷ A. A. Berle and G. C. Means, *The Modern Corporation and Private Property*, New York, NY: The MacMillan Company, 1932.

에드워즈(C. D. Edwards)는 경제력집중이 심화되면 왜 문제가 될 수 있는지를 체계적으로 정리하였다.[3] 이후 경제력집중에 대한 문제는 집중의 정도와 추세를 중심으로 많은 연구가 이루어져 왔다.

우리 나라에서는 경제력집중이 재벌문제와 결부되어 있다. 경제력집중은 본래 소수의 대기업들이 경제 내에서 차지하는 비중이 너무 높다는 데서 그 문제점이 지적되어 왔으나, 우리 나라에서는 여러 기업의 그룹인 재벌이 마치 하나의 단일기업처럼 운영되기 때문에, 경제력집중은 기업에 의한 경제력집중이 아니라 재벌에 의한 경제력집중으로 나타나고 있다.

거기다가 재벌은 한 개인과 그 가족이 지배하는 기업그룹이기 때문에 우리 나라의 경제력집중은 개인에 의한 경제력집중으로 나타난다. 이 때문에 구미에서는 200대 기업 또는 300대 기업이 경제 내에서 차지하는 비중의 크기로 경제력집중의 문제를 논의하고 있으나 우리 나라에서는 10대 재벌 또는 30대 재벌이 경제 내에서 차지하는 비중으로 경제력집중의 문제를 논의하고 있다. 재벌 총수라고 불리는 소수의 자연인이 과도한 경제지배력(economic power)을 행사하기 때문이다.

경제력집중은 기본적으로 소수 재벌의 비중이 너무 높은 현상을 의미하지만 우리 나라 재벌에서는 좀더 복합적인 의미를 가지고 있다. 소수 재벌이 국가경제에서 너무 많은 비중을 차지하고(총괄집중률이 높고), 많은 계열기업을 거느리면서 수많은 업종에 진출해 있고(다각화가 매우 높고), 총수가 그룹 전체에 대해 지배권을 장악하고 있고(소유집중현상이 높고), 많은 계열기업들이 독과점업체로 군림하

[3] Corwin D. Edwards, "Conglomerate Bigness as a Source of Power," in *Business, Concentration and Price Policy*, ed. by George Stigler, N.J. Princeton: Princeton University Press, 1955, pp. 331~359.

고 있을 때(시장집중이 높을 때) 한국 경제에서는 재벌에 의한 경제력 집중이 심화되었다고 본다.

그러나 이런 조건들이 경제력집중의 필요조건은 아니다. 일단 총괄집중률만 높아도 경제력집중이 심화되었다고 판단할 수 있다. 소수의 대재벌군에 의한 총괄집중률만 높아도 경제력집중은 심화된 것이다.

정부는 1987년부터 공정거래법에 각종 재벌규제조항을 도입하여 경제력집중 억제정책을 추진해 왔다. 그리고 그 이후부터 이 규제조항은 점점 강화되었을 뿐만 아니라 공정거래법 이외의 영역에서도 재벌규제정책이 도입되어 왔다. 그럼에도 불구하고 재벌에 대한 비판과 재벌개혁의 목소리는 수그러들지 않고 있다. 그리고 재벌에 의한 경제력집중 문제가 개선되었다고 주장하는 연구논문도 별로 눈에 띄지 않고 있다.

2. 경제력집중: 어느 정도인가

경제력집중의 현황은 총괄집중률(aggregate concentration)로 측정된다. 총괄집중률은 일정 수의 대기업군이 국가경제 전체에서 차지하는 비중이다. 주로 100대 또는 200대 기업군이 국가경제 전체에서 차지하는 비중으로 측정된다.

여기서 국가경제 전체란 국가 내의 전 산업일 수도 있고 비금융부문으로만 한정할 수도 있다. 또는 제조업부문 등으로 그 범위를 축소시키기도 한다. 어떤 범위를 사용하든 그 의미는 특정 시장이 아니라 경제 전반에 걸쳐 주도적 대기업들이 차지하는 비중을 측정하는 것이다.

우리 나라에서는 주로 30대 재벌을 기준으로 총괄집중률을 측정하고 있다. 30대 재벌은 30명의 재벌 총수가 지배하는 경제영역이다. 30대 재벌에는 600여 개의 기업이 포함되어 있다. 따라서 구미 선진국을 대상으로 한 기존 연구에서 주로 선택하고 있는 200대 기업군에 비해서는 포함되는 기업의 수가 훨씬 많다. 그러나 200대 기업군은 200명의 독립적인 경영주체가 지배하는 경제영역이지만, 30대 재벌군은 이보다 훨씬 적은 30명의 경영주체가 지배하는 경제영역이다.

따라서 30대 재벌군은 기업의 수는 많지만 구미 선진국의 200대 기업군에 비해 독립적인 경영주체의 수는 훨씬 적다. 이 때문에 30대 재벌군에 의한 집중률은 경제력집중현상을 훨씬 더 잘 표현해 주고 있다. 다시 말해, 30대 재벌에 의한 집중률은 200명보다 훨씬 적은 30명의 손에 좌우되는 경제영역을 지칭하는 경제력집중이다.

〈그림 3-1〉의 (a), (b)는 30대 재벌의 자산액 및 매출액을 기준으로 측정한 우리 나라의 총괄집중률 추세이다. 자산액을 기준으로 총괄집중률을 측정한 〈그림 3-1〉 (a)에 의하면, 1986년에서 2002년까지 30대 재벌의 자산이 우리 경제 내에서 차지하는 비중은 36.88%(2002)에서 49.86%(1989) 사이의 값이다. 5대 재벌로 축소하면 그 비중은 23.28%(2002)에서 32.75%(1998) 사이의 값이다. 그리고 그 추세를 보면 1989년을 제외하면 1994년까지는 비교적 안정된 추세를 유지하다가, 1994년부터 1998년까지는 증가하는 추세를 보이고, 그 다음부터는 급격히 하락하는 추세를 보이고 있다.

매출액을 기준으로 총괄집중률을 측정한 〈그림 3-1〉 (b)에 의하면, 30대 재벌에 의한 집중률은 36.19%(2002)에서 48.69%(1987)

그림 3-1a 30대 재벌 자산집중률(1986-2002)

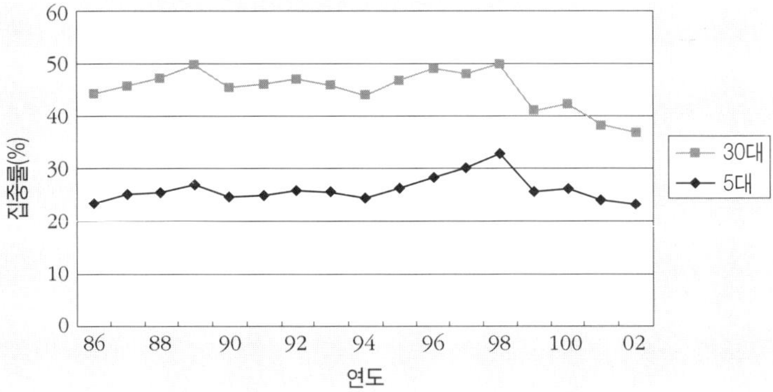

자료: 최정표, 「재벌에 의한 경제력집중의 정태 및 동태적 분석」, 『산업조직연구』, 2004. 12.

그림 3-1b 30대 재벌 매출액집중률(1986-2002)

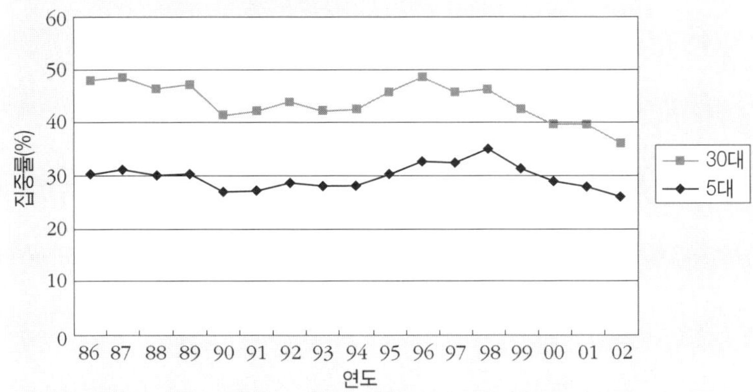

자료: 최정표, 「재벌에 의한 경제력집중의 정태 및 동태적 분석」, 『산업조직연구』, 2004. 12.

사이의 값이고, 5대 재벌에 의한 집중률은 25.95%(2002)에서 35.13%(1998)의 값이다. 1986~1990년 기간에는 하락추세를 보이다가 그 이후로는 자산액을 기준으로 측정한 총괄집중률처럼 1998년까지 완만히 증가하는 추세를 보이고 있다.

그런데 〈그림 3-1〉 (a), (b)에서 동시에 관찰되는 특기할 사항은 1998년을 기점으로 총괄집중률의 추세에 현격한 변화가 일어나고 있다는 점이다. 1998년 이전까지는 안정 내지 완만한 상승이었는데, 1998년부터는 현격하게 하락하는 현상을 보이고 있다. 1997년 말의 외환위기 이후 1998년부터는 한국 경제에 커다란 변화가 있었다. 외환위기 극복을 위한 기업구조조정 과정에서 재벌들의 흥망성쇠와 부침이 매우 심하였기 때문에 재벌에 의한 경제력집중에도 큰 변화가 일어났다.

경제학자들은 총괄집중률의 변화추세에 많은 관심을 기울여 왔다. 마르크스(Karl Marx)가 총괄집중률이 점점 심화되어 자본주의는 궁극적으로 독점화된다고 주장하였기 때문이다. 대자본(대기업)은 소자본(소기업)을 집어삼키므로 궁극적으로는 하나의 대자본(대기업)이 국가경제 모두를 지배하게 된다는 것이 마르크스의 논리이다.

마르크스의 논리대로라면 총괄집중률은 점점 증가할 수밖에 없다. 따라서 많은 경제학자들이 총괄집중률의 변화추세에 관심을 가지고 있었다. 우리 나라는 외환위기 이후 한때 감소추세를 보였지만 구조조정이 끝난 후부터는 다시 증가추세를 보이고 있다.

3. 경제력집중: 왜 규제되어야 하는가

재벌문제의 본질은 경제력집중에 있다. 재벌은 개별 기업이 아니라 기업의 집단이다. 그리고 그 집단은 한 사람의 지배를 받는다. 따라서 재벌문제의 본질은 한 사람이 기업들을 집단화시켜 경제활동의 너무 많은 영역을 지배하는 데서 나온다. 이런 현상은 선진국에서는 관찰되지 않는 현상이다. 불과 5명의 경제인이 우리 경제의 30% 정도를 장악하고 있다면, 그 경제에서는 시장경제가 제대로 작동할 수 없다.

5명의 경제인이 이렇게 많은 경제영역을 지배할 수 있는 이유는 기업을 집단화시키기 때문이다. 단일기업이 규모가 커지면서 경제력집중이 일어날 때는 이 정도로 심각한 집중현상은 나타날 수 없다. 단일기업이 커질 때는 시장집중은 심화되지만 경제력집중은 우려될 정도로 높아지지 않는다.

하지만 재벌은 기업수를 늘리면서 그룹의 규모를 키우기 때문에 단일기업의 성장과는 그 의미가 다르다. 그룹 내의 개별 기업 또한 성장하면서 그룹 내 기업의 수도 늘어난다. 따라서 재벌의 성장은 더욱 장대한 스케일로 이루어진다. 기업을 집단화시키면서 그 집단의 규모를 키워 나갈 때는 경제력집중이 매우 높아질 것이 틀림없다. 말하자면, 재벌화는 경제력집중의 중요 원인이 된다. 이 때문에 재벌규제가 필요한 것이다.

선진국처럼 단일기업이 대규모화되면서 경제력집중이 높아질 때는 별도 규제가 필요 없다. 기업의 성장을 규제하는 것은 정당성이 없기 때문이다. 이 때는 기업성장으로 인해 나타나는 문제점만 치유하면 된다. 그 문제점은 주로 독점문제이다. 기업성장에 기인한 경제력집중은 심각한 수준이 되지 않는다. 따라서 선진국은 반독점정책에 치중하고 경제력집중도 반독점정책으로 다스린다.

그러나 재벌화가 심화될 때는 독점문제를 야기할 뿐만 아니라 경제력집중의 문제도 야기한다. 따라서 한국에서는 경제력집중 억제정책도 필요한 것이다.

재벌이 기업수를 늘리면서 그 영역을 확장할 때는 시장이 작동할 수 없다. 시장은 경쟁을 기초로 하고, 경쟁은 선택을 기초로 한다. 소비자에게 선택권이 있어야 기업은 경쟁을 하고, 기업이 경쟁을 해야 시장이 성립된다. 그러나 재벌은 무조건 자기 계열사의 상품을 구매한다. 예컨대, 삼성그룹의 각 계열사는 손해보험에 가입해야 할 때 무조건 삼성화재의 상품을 구매한다. 타보험회사와 경쟁베이스에서 선택하는 행위를 하지 않는다. 이렇게 되면 삼성화재는 타보험사와 경쟁할 필요가 없다. 삼성화재는 삼성그룹이라는 기본적인 시장을 원천적으로 확보하고 있는 셈이다. 이런 상황에서는 제대로 된 시장이 성립할 수 없다.

재벌구조에서는 이런 현상이 보편적이다. 재벌의 계열사는 무조건 자기 그룹 상품을 구매한다. 경쟁 베이스에서 선택하지 않기 때문에 원천적으로 시장이 성립할 수 없다. 재벌이 절대적인 비중을 차지하는 국가경제에서 이런 현상이 보편화되면 그 경제에는 시장이 제대로 작동할 수 없다. 재벌들은 항상 시장을 역설한다. 그러나 경쟁적 시장이 작동할 수 없는 구조를 만들어 놓고 시장경제를 외치니 정말 이해할 수 없는 노릇이다.

재벌에 의한 경제력집중이 높을수록 이런 현상은 더 악화될 것이다. 시장을 왜곡시키고, 경쟁적 시장질서의 확립을 어렵게 할 것이다. 따라서 기업집단화를 통한 경제력집중은 규제가 필요할 수밖에 없다.

재벌규제는 경제력집중에 초점을 맞추어야 한다. 재벌규제는 지배구조 개선정책이 되어서도 안 되고, 재무구조 개선정책이 되어서도 안 된다. 경제력집중 하나에만 초점을 맞추어야 한다.

그 동안 재벌정책이 비판받아 온 이유는 재벌정책이 원래 의도에서 많이 변질되었기 때문이다. 1987년 처음 재벌정책이 도입되었을 때는 그 목적이 경제력집중 완화에만 한정되어 있었다. 그러다가 그 정책을 강화 또는 완화시키는 과정에서, 또는 재벌의 저항을 회유하는 과정에서 부수적인 정책들이 첨가되어 왔다. 이 때문에 공정거래법의 재벌정책은 누더기가 되어 국적불명의 정책이 되었고, 정책목적까지 불분명해져 버렸다. 지배구조 개선이나 재무구조 개선은 공정거래법의 정책목적이 될 이유가 없다. 이제라도 이 문제는 반드시 바로잡아야 한다.

4. 경제력집중: 어떻게 규제할 것인가

경제력집중도 시장집중과 같은 원리로 규제할 수 있다. 시장집중의 문제는 두 가지 정책으로 접근한다. 하나는 집중화를 사전에 예방하려는 접근이고, 다른 하나는 집중된 힘이 남용되지 않도록 하는 접근이다.

전자는 시장구조가 독점화되는 것을 원천적으로 막아 보자는 구조정책으로, 여기에 해당하는 대표적 정책수단은 기업결합규제이다. 후자는 독점적 시장행동을 방지하려는 것으로, 여기에 해당하는 대표적 정책수단은 시장지배적 사업자의 남용행위 방지, 담합 방지, 불공정거래 방지 등이다.

1차적으로는 시장이 구조적으로 독점화되는 것을 예방하는 것이 중요하다. 특히, 인수합병 등을 통해 시장을 독점화시키려는 의도는 정부가 나서서 막아야 한다. 그러므로 기업결합은 공정거래위원회에 신고하고 승인을 받아야 한다. 공정거래위원회는 시장을 독점화시키고 경쟁을 제한하는 기업결합은 허용하지 않는다.

2차적으로는 독점력을 확보한 기업들이 독점력을 행사하는 것을 막는 정책이 필요하다. 시장이 독점화되고 기업이 독점력을 확보하는 것을 원천적으로 예방하는 데에는 한계가 있다. 기업결합보다는 경쟁을 거쳐 자생적으로 시장을 독차지하는 경우가 많기 때문이다. 이 때는 기업의 독점적 행동을 통제하는 사후적 규제가 불가피하다.

경제력집중 문제도 시장집중에서와 마찬가지로 두 가지 정책적 접근이 가능하다. 하나는 경제력집중현상을 사전적으로 예방하는 접근이고, 다른 하나는 집중된 힘이 남용되지 않도록 사후적으로 통제하는 접근이다.

전자는 경제활동의 많은 영역이 소수 재벌에게로 집중되는 것을 사전에 방지하는 정책으로, 출자총액제한제도 등이 여기에 해당한다고 볼 수 있다. 이것은 구조접근이다.

후자는 이미 경제력을 확보한 상위 대재벌이 그 힘을 악용하지 못하도록 하는 정책으로 채무보증 금지와 공시제도 등은 여기에 해당한다고 볼 수 있다. 이것은 행동접근으로 이미 유리한 지위를 확보한 재벌들이 그 지위를 이용해 국가경제에 부정적 영향을 주는 것을 막아 보려는 접근이다.

경제력집중 그 자체를 방지할 수 있으면 그것이 가장 이상적이다. 그러나 시장집중을 원천적으로 막을 수 없는 것처럼, 경제력집중도 원천적으로 방지하는 데에는 한계가 있다. 따라서 시장집중에서처럼 경제력집중에서도 두 가지 접근을 동시에 채택하는 것이 불가피하다.

재벌에게로 경제력이 집중되는 현상을 막는 정책과 더불어 집중된 힘이 악용되는 것도 방지할 수 있는 정책이 동시에 도입되어야 한다. 그런데 경제력집중에서는 이 두 정책 모두 시장집중을 통제하는 정책만큼 용이하지 않다. 재벌이 독점력 이상의 본질적 힘을 확보하고 있기 때문이다.

재벌은 정부의 정책수립과정과 집행과정 자체에 영향력을 행사할 수 있다. 그리고 국민여론까지 호도할 수 있는 막강한 힘을 보유하고 있다. 그러므로 재벌들은 자기들에게 불리한 정책의 도입을 원천적으로 봉쇄시키려고 한다. 그것도 전경련과 같은 이익집단을 만들어 공동으로 자기 이익을 수호하려 하고 있다. 이런 면에서 경제력은 독점력(시장력)에 비교가 되지 않을 정도의 근원적인 경제문제이다. 따라서 재벌규제는 그만큼 강력한 정책의지가 있어야 효과를 거둘 수 있다.

4

출자총액제한제도의 운명

4

출자총액제한제도의 운명

1. 출자제한의 배경
2. 출자제한의 법규정
3. 제도운영상의 문제점
4. 출자총액제한제도의 개선방향
5. 간단명료한 출자제한으로

1. 출자제한의 배경

출자총액제한제도(출총제)는 공정거래정책과 관련하여 항상 뜨거운 논쟁이 되고 있는 주제이다. 이 정책은 1987년부터 시행되어 왔는데, 그 동안 찬반 주장이 끝없이 대립되어 왔다. 특히, 규제대상이 되는 재벌들은 이 제도의 폐지를 강력히 주장해 왔다. 반면에 재벌비판그룹과 시민단체에서는 오히려 이 제도의 강화를 주장해 왔다. 거기에 비해 정부의 정책의지는 어정쩡한 상태였다.

정부는 양쪽 주장에 대한 회색적 타협책으로 이 제도의 내용을 계속 변질시켜 왔다. 그러다 보니 본래의 정책목적으로부터 많이 벗어나 국적불명의 제도가 되어 버렸다. 제도는 계속 유지시켜야겠고, 재벌들의 저항은 누그러뜨려야겠고 하다 보니 수많은 예외와 적용제외 규정을 만들었다. 따라서 이제는 이 법이 추구하는 목적이 무엇인지조차 알기 어렵게 되었다.

관련 법조문은 누더기가 되었고, 전문가조차도 그 의미를 해석하기 어려울 정도로 난삽해져 버렸다. 거기다가 지배구조 개선과 같은 다른 정책목적까지 이 제도에 끼어들어 본래 의도하였던 출자총액제한제도의 정책목적은 거의 실종된 상태이다. 이제는 오히려 이런 이유 때문에 이 제도는 또 다른 비판의 빌미를 제공하고 있다.

이 제도가 처음 도입되었던 1987년의 법규정은 매우 간단하였다. 적용대상 기업집단의 계열사들은 순자산의 40% 이내에서만 타회사에 출자할 수 있다는 제한규정뿐이었다(법 제7조의4 1항). 예외도 3개뿐이었고 그 내용도 매우 간단하였다. 정책의 집행도 수월하였다. 그러나 지금은 이 제도를 집행하기 위한 공정거래위원회측의 행정비용도 만만치 않을 뿐만 아니라 규제를 받는 기업측에서도 법규정에 합당한지를 스스로 파악하기조차 어렵게 되었다.

출자총액제한제도의 도입논거는 재벌들의 과도한 계열확장을 억제하기 위한 것이었다. 산업의 신규영역이 자꾸만 열려 가고 있는 고도성장기에는 재벌들이 경쟁적으로 계열확장을 추구하였을 뿐만 아니라, 그것도 계열사 간의 연쇄출자를 통한 가공자본으로 계열사를 확장해 나갔다. 따라서 이를 규제해야 한다는 목소리가 높았으며 정부도 그 필요성을 인정하였다.

정부는 재벌의 과도한 계열확장을 막기 위한 하나의 수단으로 출자총액제한제도를 도입하였다. 두 회사가 직접 서로 출자하는 직접상호출자를 금지하면서 이를 보완하는 장치로 출자의 총액을 제한하는 제도를 도입하였다. 따라서 이 제도의 목적은 가공자본 창출에 의한 과도한 계열확장을 억제시킨다는 매우 단순한 것이었다.

1987년은 재벌성장에 가속도가 붙었던 시기이다. 1970년대의 중화학공업 육성정책으로 재벌체제의 기반이 마련된 이후 1980년대에는 신산업 선점을 위해 재벌들의 계열확장이 극성을 부리던 시기였다. 제도권 금융으로부터 싼 이자로 돈을 빌려 다른 회사에 출자하고, 출자를 받은 회사는 다시 그 자금으로 또 다른 회사에 출자를 하였다.

따라서 한 번 마련된 자금은 추가자금 없이 다른 회사로 넘어가면서 계속 출자가 이루어졌다. 말하자면, 자금의 신규투입 없이 출자액은 계속 생겨나는 것이다. 이것을 가공자본이라고 하는데, 이 당시에는 이러한 가공자본 창출로 계열확장을 추진하는 것이 크게 성행하였다. 그것도 자기자본이 아닌 부채를 바탕으로 가공자본이 창출되었다.

그 결과 재벌은 부채비율도 높아지고, 가공자본도 많아지고, 계열기업의 수도 많아졌다. 이것은 국가경제 전체의 위험성(system risk)을 증대시키는 일이었다. 정부는 여기에 브레이크를 걸지 않을 수 없었다. 그래서 도입된 정책수단이 출자총액제한제도였다.

그러나 이 제도는 그 동안 큰 틀에서부터 세부사항에 이르기까지 너무 많은 변화와 수정을 되풀이해 왔다. 우선 큰 틀에서 보면 이 제도가 처음 도입된 1987년에는 자산규모가 4,000억 원 이상 되는 기업집단의 계열기업에 대해 순자산의 40% 이내에서만 타회사에 출자할 수 있도록 제한하였다.

그 뒤 1993년에는 적용대상 재벌을 상위 30대 기업집단으로 한정하여 출자를 제한하였다. 1994년에는 제한비율을 25%로 낮추도록 법을 개정하여 이 정책을 한층 강화시켰다. 그러면서 소유분산우량회사에 대해서는 적용을 배제하는 출자총액제한제도 졸업제도가 도입되었다. 이 때부터는 소유지배구조 개선까지 이 정책에 끼어들었다.

그러다가 1998년 초에는 이 제도를 폐지시켰다. 그런데 폐지에 따른 부작용이 심각하게 대두되자 1999년 말 이 제도를 다시 도입하였다. 그리고 2002년부터는 적용대상 재벌을 자산규모 5조 원 이상 기업집단으로 변경하였고, 2005년부터 6조 원 이상 기업집단으로 상향조정하였다. 2007년에는 이 제도 자체를 거의 무력화시키는 법개정이 이루어졌다. 자산규모가 10조 원 이상인 기업집단만을 대상으로 하였다. 그것도 이들의 계열기업 중에서 다시 자산규모가 2조 원 이상 되는 회사만 출자총액제한제도의 대상이 되도록 하였다.

이와 같이 출자총액제한제도는 변화에 변화를 거듭해 왔다. 대상이 되는 기업집단의 범위, 출자제한비율, 심지어는 이 제도 자체의 존부에 이르기까지 이 제도는 변화무쌍한 과거를 가지고 있다. 거기다가 세부사항에까지 들어가면 이 제도는 정책의 목적이 혼란스러울 정도로 많은 수정과 첨삭이 있어 왔다. 이제는 이런 요인들이 이 정책이 비판받도록 하는 또 다른 구실을 제공하고 있다.

2. 출자제한의 법규정

공정거래법은 여러 단계를 거쳐 출자총액제한제도의 대상이 되는 출자를 규정하고 있다. 제1단계는 제한대상이 되는 기업집단을 먼저 지정한다. 현재의 규정에서는 자산규모가 10조 원 이상인 기업집단이 1차적으로 출자제한대상 기업집단으로 지정된다.

그러나 이 집단 중에서도 특정 요건이 충족되면 지정에서 제외되는데, 이를 졸업규정이라고도 한다. 즉, 공정거래위원회의 요구조건을 충족시키면 비록 자산규모가 10조 원 이상 되는 기업집단이라고 할지라도 출자제한대상 기업집단으로부터 졸업하게 된다.

제2단계는 제한대상이 되는 기업집단 중에서도 개별 회사별로 특정 요건에 해당하면 출자제한으로부터 제외시킨다. 그러므로 지정된 기업집단의 계열회사라고 모두 출자총액제한제도의 대상이 되는 것은 아니고, 일정한 요건을 갖춘 회사들은 제외되고 나머지 회사들만 대상이 된다.

· 제3단계는 제한대상이 되는 회사 내에서도 특정 출자는 예외로 하거나 적용을 배제하는 제도가 마련되어 있다. 특정 출자는 출자총액제한제도의 대상으로 포함시키지 않는 제도이다.

이와 같이 출자총액제한제도는 여러 단계를 거쳐 최종적으로 제한대상이 되는 출자를 정하도록 되어 있다. 출자총액제한제도 적용의 이러한 단계들은 다음과 같이 구체적으로 정리해 볼 수 있다.

가. 출자총액제한 기업집단의 지정(법 제14조, 시행령 제17조 2항)

자산규모가 10조 원 이상인 기업집단은 출자 총액 제한대상 기업집단이 된다. 이 규정은 규모가 큰 기업집단을 출자총액제한제도의 대상으로 한다는 의미이다. 규모가 큰 기업집단일수록 계열확장이 용이해 여러 가지 경제적 폐해를 야기시킬 가능성이 높기 때문에 이러한 기업집단의 계열회사에 대해서는 타회사 출자를 어느 정도 제한할 필요가 있다는 취지이다. 이와 같이 출자총액제한제도는 일단 규모가 큰 기업집단이 대상이 된다.

나. 제한대상에서 제외되는 기업집단(시행령 제17조 2항)

아래 조건이 충족되는 기업집단은 지정에서 제외된다. 규모가 커서 출자총액제한제도 대상으로 지정되었더라도 이 기준에 해당하면 지정으로부터 제외된다.

① 금융업 또는 보험업만을 영위하는 기업집단이거나 금융업 또는

보험업을 영위하는 회사가 그 기업집단의 동일인이 되는 경우

② 부실정리중인 계열사의 자산비중이 기업집단 전체 자산의 50% 이상이면서 나머지 계열사의 자산액이 6조 원 미만일 때

③ 기업집단 전체로 총수(또는 동일인)의 의결지분율에서 총수의 소유지분율을 뺀 값이 0.25 이하이면서 의결지분율이 소유지분율의 3배를 넘지 않는 기업집단

④ 계열사수가 5개 이하이면서 계열사끼리 2단계를 넘어서 계열출자가 이루어져 있지 않은 기업집단

이 네 가지의 기준은 서로 관련성이 없다. 하나하나가 독립된 기준이라고 볼 수 있다. ①은 금융, 보험업을 주업종으로 하는 기업집단은 분리시키려는 규정이다. 금융, 보험업은 그 분야에서 별도의 규제를 받을 뿐만 아니라 이 분야의 기업은 지배목적보다 위탁자산의 수익을 위해 타회사 주식을 소유하는 특수성이 있기 때문이다. ③은 지배구조 우량기업집단을 출자총액제한제도에서 제외시키는 규정이다. 이 제도는 기업지배구조와는 무관한 정책이지만 언제부터인가 기업지배구조정책을 출자총액제한제도와 결부시키고 있는데, 이는 출자총액제한제도의 유효성과 정책취지를 훼손시키는 조치이다.

다. 제한대상에서 제외되는 회사(법 제10조 7항)

아래 요건에 해당하는 회사는 비록 출자제한 기업집단의 계열회사라고 할지라도 출자총액제한제도의 대상에서 제외된다.

① 금융업 또는 보험업을 영위하는 회사

② 지주회사, 자회사, 손자회사

③ 정리절차, 화의절차, 관리절차가 진행중인 회사

④ 지배구조 모범회사(아래 네 가지 요건 중 세 가지 이상 해당, 시행령 제17조의 9)

- 서면의결권 행사 가능
- 집중투표제 시행
- 내부거래위원회를 설치하고, 사외이사수가 3인 이상이면서 위원 총수의 3분의 2 이상일 것
- 사외이사후보추천위원회와 사외이사후보추천자문단을 설치·운영할 것

①의 규정은 금융업과 보험업의 특수성을 인정하는 규정이다. 금융업과 보험업을 영위하는 회사는 수탁자산의 수익을 늘리기 위해 타회사 주식을 구입하는 것이 당연하다. 따라서 출자를 규제할 필요가 없다. 단지 지배목적의 출자를 막기 위해 의결권 제한을 가하는 것은 필요하다. ②의 규정은 지주회사제도를 운영하기 위해 불가피한 조치이다. 지주회사, 자회사, 손자회사는 지주회사 규정을 준수하기 위해 타회사 주식을 대량 소유하는 것이 불가피할 수 있다. ③의 규정은 부실기업의 신속한 정리와 구조조정을 위해 불가피하게 필요한 사항이다. ④의 규정은 출자총액제한제도와 직접 연결시킬 사항이 아니다. 지배구조는 별도의 정책이다. 따라서 별도의 정책수단으로 추진하여야 한다. 이 규정은 출자총액제한제도를 오히려 혼란스럽게 만든다. ④의 규정이 충족된 회사라고 과도한 계열확장의 문제가 없는 것은 아니다. 지배구조 우량회사라도 타회사에 대한 출자가 과도한 계열확장의 수단으로 이용되면 이것

은 금지시켜야 한다.

라. 제한대상에서 제외되는 출자: 예외규정(법 제10조 1항)

국내회사에 출자한 금액 중 순자산의 40% 범위로부터 일정 기간 예외로 인정되는 출자가 아래와 같이 복잡하게 나열되어 있다.

① 출자 총액 제한대상 회사가 이미 출자하였던 회사에서 유상증자를 실시함에 따라 불가피하게 신주를 배정받게 되어 출자가 성립되는 경우로서 이 때의 출자는 2년간 25%(2007년 법개정 이전) 범위 내에 적용되지 않는 예외로 인정을 받는다. 2005년 4월 1일 기준 자료에 의하면 여기에 해당하는 금액은 2,763억 5,400만 원으로서 출자 총액 제한대상 회사 전체 순자산액(75조 9,019억 5,200만 원)의 0.36%이고, 이들 회사 출자 총액(21조 9,953억 9,800만 원)의 1.26%에 해당한다.

② 출자 총액 제한대상 회사가 담보권을 실행하거나 대불변제를 수령함으로써 타회사 출자가 성립되는 경우로서 이 때의 출자는 6개월간 25%(2007년 법개정 이전) 범위 내에 적용되지 않는 예외인정을 받는다. 2005년 4월 1일 기준 자료에 의하면 여기에 해당하는 금액은 1,200만 원으로 매우 미미한 수준에 불과하다.

③ 출자 총액 제한대상 기업이 외국인 투자기업(외국인 1인이 10% 이상 지분 소유)에 출자하였을 때는 5년간 25%(2007년 법개정 이전) 범위 내에 적용되지 않는 예외인정을 받는다. 2005년 4월 1일 기준자료에 의하면 여기에 해당하는 금액은 2조 1,999억 8,200만 원으로서 출자 총액 제한대상 회사 전체 순자산의

2.90%에 해당하고, 이들 출자 총액의 10%에 해당한다.

④ 새로운 산업의 국제경쟁력 강화나 기업의 구조조정을 위해 주식을 취득하는 경우도 출자 총액 제한대상에서 예외를 인정하고 있다. 시행령에서 규정한 신산업은 정보통신관련 산업, 생명공학산업, 대체에너지관련 산업, 환경산업 등이다. 이 산업들은 정책적으로 육성이 필요한 신생산업이기 때문에 재벌의 참여를 허용하여 국제경쟁력을 키운다는 차원에서 출자 총액 제한의 예외를 인정하고 있다. 그리고 신기술을 기업화한 회사에 출자한 경우도 출자 총액 제한에서 예외를 인정하고 있다. 거기다가 원료나 부품을 생산하는 중소기업 및 벤처기업에 대해서도 50% 미만의 지분을 소유할 때는 출자 총액 제한의 예외가 인정된다. 기업구조조정의 경우 예외를 인정하는 요건도 시행령에서 구체화시키고 있다. 동종의 다른 회사에 현물출자하여 주식을 취득하거나, 자기 회사를 물적 분할하거나 인적 분할하면서 신설하는 회사의 주식을 취득하는 경우도 출자 총액 제한의 예외가 인정된다. 그리고 계열회사가 아닌 분사회사에 출자하였을 때도 예외를 인정받는다. ④의 규정에 의해 예외가 인정된 출자금액은 1조 3,584억 4,800만 원(2005.4.1. 기준)으로서 출자 총액 제한대상 전체 회사 순자산의 1.79%이며, 이들 회사 총출자액의 6.18%에 해당한다.

⑤ 지주회사와 관련하여 출자된 주식도 출자 총액 제한의 예외가 인정된다. 2005년 4월 1일 기준으로 이 조건에 의해 예외가 인정된 출자액은 0이다.

⑥ 회사를 정리하거나, 화의절차가 진행중이거나, 파산절차가 진행중이거나, 관리절차가 진행중인 회사의 주식을 소유한

경우도 출자 총액 제한의 예외를 인정받는다. 이 요건으로 예외를 인정받은 출자금액은 93억 5,900만 원(2005.4.1)으로 출자 총액 제한대상 회사 전체 순자산액의 0.01%이고, 이 회사들이 출자한 총금액의 0.04%에 해당한다.

마. 제한대상에서 제외되는 출자: 적용제외규정(법 제10조 6항)

출자 총액 제한대상 기업들이 실제로는 국내의 타회사에 출자했음에도 아래 사항에 해당하는 출자는 국내의 다른 회사 출자로 보지 않는다고 규정하여 처음부터 제한대상 출자로 보지 않기도 한다.

① 사회간접자본시설을 영위하는 회사에 출자하였을 때는 출자 총액 제한의 적용을 받지 않는다. 여기에 해당하는 출자액은 1조 1,477억 1,300만 원(2005.4.1)으로서 출자 총액 제한대상 전체 회사 순자산액의 1.51%에 해당하고, 이 회사들의 총출자액 중 5.22%를 차지한다.

② 정부투자기관, 공기업, 정부출자기관 등의 회사를 인수하면서 주식을 취득하게 되는 경우 출자 총액 제한의 적용을 받지 않는다. 여기에 해당하는 출자액은 2,459억 9,100만 원으로서 출자 총액 제한대상 전체 회사 순자산액의 0.32%에 해당하고, 이 회사들의 총출자액 중 1.12%를 차지한다.

③ 동종의 영업을 영위하거나 밀접하게 관련 있는 업종에 출자하였을 때 시행령이 정하는 요건에 맞는 경우 출자 총액 제한의 적용을 받지 않는다. 여기에 해당하는 출자액은 8조 796억 4,800만 원으로서 출자제한 대상 전체 회사 순자산액의 10.64%에 해당하고, 이 회사들의 총출자액 중에서는 36.73%

를 차지한다.

④ 국가나 지방자치단체가 30% 이내의 주식을 소유하는 회사에 출자할 때도 출자 총액 제한의 적용을 받지 않는다. 여기에 해당하는 출자액은 972억 8,900만 원으로서 출자 총액 제한 대상 전체 회사 순자산액의 0.13%에 해당하고, 이 회사들의 총출자액 중에서는 0.44%를 차지한다.

⑤ 남북교류협력 사업자로 승인된 회사로서 시행령이 정하는 기준에 해당하는 회사의 주식을 소유하는 경우도 출자 총액 제한의 적용을 받지 않는다.

위 라.와 마.에서 논의된 것처럼 공정거래법은 출자총액제한제도의 예외와 적용제외를 무수히 많이 설정해 두고 있다. 이는 이 정책의 실효성을 크게 훼손시키는 규정이다.

우선 수많은 회사들에 의해 수없이 많이 이루어지는 출자를 이렇게 많은 예외나 적용제외규정에 해당하는지 하나하나 구분해 내는 것이 결코 간단하지 않다. 이를 위해서는 규제자 및 피규제자의 행정비용이 매우 높을 수밖에 없다. 정책효과에 비해 그 비용이 더 높을 수도 있다.

이 규정들은 또 출자총액제한제도 자체를 무력화시키는 역할을 할 수 있다. 실제로 과도한 계열확장에 해당하는 출자인데도 이런 출자들은 이 규정들에 의해 출자총액제한제도로부터 빠져나가 버릴 수 있다. 그렇게 되면 이 제도 자체가 무의미한 규제가 되어버릴 수 있다.

이러한 예외와 적용제외가 도입된 과정은 출자총액제한제도에 대한 재벌들의 저항을 무마하기 위한 하나의 타협책이나 미봉책으로 이루어진 면이 많다. 규제를 만들어 놓고, 그 규제에서 빠져나갈 수 있는 구멍을 크게 만들어 놓으면 피규제자는 이를 환영할 것이다. 그러나 그 규제는 무의미해질 수밖에 없다.

규제가 너무 복잡해지면 규제비용은 높아지고 규제효과는 반감된다. 이것은 출자총액제한제도 비판의 또 다른 빌미가 되기도 한다.

3. 제도운영상의 문제점

(1) 규제논거의 변질

출자총액제한제도는 원래 단순한 논리하에 시작되었다. 재벌들의 과도한 계열확장을 억제시킬 필요가 있다는 것이 이 제도의 도입 취지였다. 따라서 자산규모가 4,000억 원 이상인 대규모 기업집단에 속하는 계열기업에 대해서는 순자산의 40% 범위 이내에서만 타회사에 출자하도록 제한한 것이 이 제도의 출발이었다(1987년부터).

개별 회사가 타회사에 출자하는 것은 여러 가지 목적이 있을 수 있다. 그런데 재벌의 계열기업들은 주로 총수의 지배영역 확장을 위해 타회사에 출자하였다. 재벌의 한 계열사가 특정 회사에 집중 출자하면 이 회사는 이 재벌의 계열사가 된다. 그뿐만 아니라 한 재벌의 여러 계열회사가 조금씩 공동으로 특정 회사에 출자해도 이 회사는 이 재벌의 계열회사로 접수된다. 이렇게 해서 한 재벌은 쉽게 계열확장을 추진하면서 수많은 회사를 지배할 수 있다.

이러한 방식의 계열확장에는 총수가 자기 돈 없이도 수많은 회사를 지배하는 것이 가능해진다. 다시 말해, 총수는 자기 돈을 투입하지 않고도 많은 회사를 지배할 수 있다. 재벌의 많은 계열기업들은 사업지주회사의 역할을 수행하면서 회사 돈으로 타회사에 출자하는데, 출자받은 회사들도 궁극적으로 총수의 지배로 귀속된다. 따라서 총수는 자기 돈을 투입하지 않고도 다른 기업을 지배할 수 있는 길이 열린다.

사업지주회사가 중층으로 연결되면 가공자본이 발생한다. 가공자본이란 실제로 자본이 투입되지 않고도 장부상으로 자본이 발생하여 회사지배에 유용하게 활용되는 자본을 말한다. 예컨대, A기업이 B기업에 100억 원을 출자하였는데, B기업이 이 100억 원을 다시 C기업에 출자하면 장부상으로는 A가 소유한 B기업의 자본 100억 원과 B가 소유한 C기업의 자본 100억 원으로 200억 원의 자본이 발생한다. 그러나 실제로 돈이 들어온 것은 100억 원뿐이다. 따라서 100억 원만큼의 가공자본이 생겨난다. A→B→C와 같은 고리식 출자가 더 계속되면 가공자본은 더 많이 생겨난다. 이 가공자본은 다른 회사의 지배에 매우 유용하게 활용되고 있다.

이와 같이 재벌의 계열회사들이 지주회사로서의 역할을 수행하면 총수는 자기 돈의 투입 없이 회사 돈과 가공자본으로 얼마든지 계열기업을 늘려 나갈 수 있다. 특히, 대규모 재벌들이 이런 출자를 계속하면 계열확장의 속도는 빨라지면서 재벌에 의한 경제력집중은 더욱 심해질 것이다. 1970~1980년대의 재벌확장은 바로 이런 메커니즘으로 이루어졌다. 이에 따라 한국 경제는 소수의 특정 재벌이 너무 많은 경제활동영역을 장악하는 체제위험(system risk)을 초래하였다.

출자총액제한제도는 이러한 체제위험을 줄이기 위한 최소한의 장치였다. 재벌들이 회사 돈이나 가공자본으로 과도하게 계열확장을 추구함으로써 초래되는 체제위험을 최소화시켜 보자는 것은 국민들 사이에 공감대가 형성된 사항이었다. 따라서 이를 위한 최소한의 방안으로 1987년부터 출자총액제한제도가 도입되었다.

그런데 이 제도가 시행되는 동안 규제대상이 되는 재벌들은 이로 인한 불편함을 참지 못하고 기회 있을 때마다 이 제도의 폐지나 완화를 줄기차게 요구해 왔다. 이 과정에서 일종의 정치적 타협의 산물로 이 제도는 수정에 수정을 되풀이하였다. 정치적 타협과 반복되는 수정 속에서 이 제도의 본래 목적은 왜곡 · 변질되는 결과를 초래하였다.

과도한 계열확장을 억제시킨다는 본래의 규제논거와는 관계없는 지배구조, 경영투명성, 부채비율 등이 이 정책에 묻어들었다. 지배구조나 소유구조가 우수한 기업집단이나 회사를 규제대상에서 제외시켜 준다든지, 부채비율이 낮은 기업집단을 규제대상에서 제외시켜 주는 규정이 새롭게 도입되기도 하였다. 이런 요건들은 출자제한제도의 본래 의도와는 무관하다.

부수적인 정책목적이 첨가됨으로써 출자총액제한제도에 관한 지금의 규정은 이 제도가 추구하는 목표가 무엇인지 헷갈리게 되어 있다. 기업의 지배구조 개선을 추구하는 것이 목적인지, 투명경영을 확보하는 것이 목적인지, 재무구조를 개선시키는 것이 목적인지, 과도한 계열확장을 막는 것이 목적인지 헷갈리는 상황이 되었다. 거기다가 수많은 예외와 적용제외규정까지 들어와 출자총액제한제도는 주목적이 무엇인지 매우 혼란스러워졌다.

이제는 이 때문에 출자총액제한제도가 또 다른 공격을 받는 형국이다. 이 제도는 소유구조, 지배구조, 재무구조를 개선시키려는 정책수단이 아니므로 여기에 다른 정책목적은 끼워 넣지 말아야 한다.

표 4-1 출자총액제한제도의 변화과정

법개정 시기	출자총액제한제도의 주요 변동내용
1986. 12. 31 (1차 개정)	자산규모 4,000억 원 이상 기업집단 순자산의 40% 이내에서 타회사 출자
1992. 12. 08 (3차 개정)	상위 30대 기업집단
1994. 12. 22 (4차 개정)	순자산의 25% 이내에서 타회사 출자
1998. 02. 24 (6차 개정)	출자총액제한제도 폐지
1999. 12. 28 (8차 개정)	출자총액제한제도 재도입 30대 기업집단, 순자산의 25% 이내
2001. 01. 16 (9차 개정)	자산규모 5조 원 이상 기업집단
2004. 12. 31 (11차 개정)	자산규모 6조 원 이상 기업집단 네 가지 졸업제도 도입
2007. 04 (13차 개정)	자산규모 10조 원 이상 기업집단 중 2조 원 이상의 자산규모를 가진 계열회사

(2) 규제내용의 일관성 결여

출자총액제한제도는 1987년부터 시작되었는데 지금까지 그 내용은 예측이 불가능할 정도로 변화가 심하였다. 〈표 4-1〉에서 보는 것처럼 기업집단 지정기준에서부터 제한비율에까지 변화에 변화를 거듭해 왔다.

규제대상이 1987년에는 자산규모 4,000억 원 이상 되는 대규모 기업집단이었는데, 1992년에는 상위 30대 기업집단으로 변화되었고, 1998년 초에는 이 제도 자체가 아예 폐지되었다. 2년 후 이 제도가 부활된 뒤 2001년에는 자산규모 5조 원 이상 기업집단을 대상으로 하였고, 2004년에는 자산규모 6조 원 이상 기업집단을 대상으로 하였다. 그리고 특정 재벌을 지정대상에서 제외시키는 출자총액제한제도 졸업제도가 도입되었다. 2007년에는 지정기준이 대폭 완화되어 자산규모가 10조 원으로 상향조정되었고, 지정된 기업집단 중에서도 자산규모가 2조 원 이상인 계열회사만 출자총액제한제도의 대상이 되도록 하였다.

출자의 제한범위도 1987년에는 순자산의 40%에서 1994년에는 순자산의 25%로 축소하였다가 2007년에 다시 40%로 상향조정하였다. 이와 같이 출자총액제한제도는 그 대상과 내용면에서 변화에 변화를 거듭해 왔다. 정책이 이렇게 일관성 없이 변하면 규제대상이 되는 기업들은 혼란스러워하고 정책에 대한 신뢰도 잃게 된다. 정책내용이 예측불가능하기 때문에 기업들은 어느 장단에 춤을 추어야 할지 알 수 없다.

기업들은 장기구도하에 출자계획을 수립한다. 그런데 출자제한의 대상과 기준이 수시로 변하면 기업들은 어느 선에 맞추어야 법에 위반되지 않을지 예측할 수 없다.

출자는 기업의 중요한 의사결정사항 중 하나이다. 자기가 규제대상이 될지 안 될지 뿐만 아니라 어느 기준에 맞추어야 할지 미리 예측할 수 있어야 기업은 경영비용을 최소화시킬 수 있다. 그런데 규제내용이 수시로 변하면 기업은 일관성 있는 정책을 수립할 수 없고 정부정책을 신뢰할 수 없다. 이렇게 되면 정책은 의도하였던 효과를 거둘 수 없다.

(3) 과도한 예외 및 적용제외

자산규모가 10조 원 이상인 기업집단은 일단 출자총액제한제도의 대상으로 지정되는데, 이 중 일정 요건이 충족되는 기업집단은 규제대상에서 제외된다. 다음에는 남아 있는 기업집단 중에서도 일정 요건이 충족되는 계열회사는 다시 규제대상에서 제외된다. 그리고 남아 있는 계열사 중에서도 다시 일정 요건에 해당하는 출자는 예외나 적용제외로서 규제대상에서 빠져 나간다. 출자총액제한제도는 이와 같이 여러 단계를 거치면서 최종규제대상이 정해진다.

그런데 예외나 적용제외의 대상이 되는 출자는 그 수가 너무 많고 규정이 난삽하여 규제관청이나 피규제자조차도 그 내용을 파악할 수 없을 정도이다. 이미 제2절에서 정리해 보았듯이 출자제한 예외조항은 법 제10조 1항에서 여섯 가지로 구분하여 나열하고 있는데, 전문가조차도 여기에 해당하는 출자를 구분해 내기란 쉽지 않다. 이 조항에 의하면, 유상증자시 신주인수로 주식을 소유하는 경우, 채권행사를 위해 주식을 소유하게 되는 경우, 외국인 투자기업의 주식을 소유하는 경우, 신산업에 출자하는 경우, 국제경쟁력 강화나 기업구조조정을 위해 주식을 취득하는 경우, 지주회사와 관련하여 주식을 소유하게 되는 경우, 부실기업 정리 때문에 주식을 소유하는 경우 등에는 출자총액제한제도의 예외를 적용하고 있다.

그뿐만 아니라 법 제10조 6항에는 아예 국내회사의 출자로 보지 않는 적용제외규정까지 복잡하게 나열되어 있다. 이 조항에 의하면, 사회간접자본을 영위하는 회사에 출자하는 경우, 공기업 등을 인수하면서 출자가 생겨나는 경우, 관련업종의 회사에 출자하는 경우, 국가기관이 지배하는 회사에 출자하는 경우, 남북교류사업을 하는 회사에 출자하는 경우 등은 처음부터 아예 출자총액제한제도의 적용을 받지 않는다.

규정에 맞추어 규제대상으로부터 제외되는 출자를 구분하는 것은 그리 간단한 일이 아니다. 현실적으로 기업출자는 매우 복잡한 메커니즘에 의해 이루어지는데, 이 중 예외조항이나 적용제외조항에 해당하는 출자를 구분해서 출자총액제한제도의 적용을 받지 않도록 하는 것은 많은 규제비용을 수반하게 된다.

규제에 예외가 많으면 회피처(loophole)가 생겨 규제는 소기의 효과를 거둘 수 없다. 이런저런 구실로 많은 출자가 제한대상으로부터 빠져나가 버리면 출자를 제한하여 과도한 계열확장을 억제하려고 하였던 규제목적은 달성될 수 없다. 말하자면, 규제 자체를 무력화시켜 버릴 수 있다.

2005년도 자료에 의하면 출자총액제한제도 대상회사의 전체 출자는 순자산의 28.98%로서 제한기준인 25%를 넘어 섰는데, 17.67%가 예외 및 적용제외 출자에 해당하여 출자의 3분의 2가 예외 및 적용제외로 빠져나가 버렸다. 따라서 규제대상 출자는 11.31%(28.98-17.67)로, 제한기준인 25%에 훨씬 못 미침으로써 제한비율 자체가 전혀 의미가 없다(not binding)는 것을 보여 준다.

이와 같이 과도한 예외나 적용제외는 제도 자체를 무의미하게 만들 위험성이 크다. 규제는 효과가 없고 규제비용만 지불하는 결과가 초래된다. 규제는 단순명쾌해야 기대하는 효과를 낼 수 있다.

(4) 규제관청의 자의적 경영개입 가능성

규제내용이 복잡해지면 기업들의 의사결정에 규제관청의 입김이 개입될 가능성이 높아진다. 규제의 내용이 복잡다기화되면 규제의 충족 여부를 판단해 내기가 매우 어려워진다. 특히, 피규제자의 입장에서는 자기의 행동이 규제를 충족시키는지 판단하기 어려워 규제관청에 자문을 구할 수밖에 없으며, 이 과정에서 규제관청이 피규제자의 의사결정에 영향을 미칠 수 있다.

특히, 예외규정과 적용제외규정은 매우 복잡하여 어느 출자가 여기에 해당하는지 기업 스스로 판단하기 어려울 때가 있다. 이 경우에는 규제관청의 유권해석에 의존할 수밖에 없다. 이렇게 되면 정부가 민간기업의 출자에 영향을 미치는 결과를 초래할 수 있다.

어떤 형태로든 정부가 민간기업의 의사결정에 직접 영향을 미치는 것은 바람직하지 않다. 민간기업은 가능한 한 자율적 판단에 의해 기업활동을 영위해야 한다. 민간기업의 중요한 의사결정 중 하나인 타회사 출자가 정부의 직접적 영향력에 의해 결정되는 것은 이윤추구를 목적하는 기업의 활동을 왜곡시킬 가능성이 있다.

특히, 출자항목 하나하나에 정부의 입김이 직접 작용하는 것은 매우 위험한 일이다. 기업의 영리행위를 위축시킬 가능성이 있기 때문이다. 기업에게는 유리하지 않은 출자인데 정부 입장에서는 오히려 권장하게 되는 결과를 초래한다든지, 반대로 기업은 원하는 출자인데도 정부는 이를 탐탁치 않게 여긴다든지 하는 결과를 초래하면 기업활동이 왜곡될 수 있다.

출자총액제한제도의 예외규정과 적용제외규정은 매우 난삽하여 그 규정의 충족 여부를 기업 스스로 판단해 내기가 어려워 이런 문제를 야기할 여지가 많다. 이 규정은 출자총액제한제도의 효과를 반감시키는 규정들이다.

(5) 투자저해와 경영권 보호의 문제

출자총액제한제도를 반대하는 사람들의 주된 논거는 이 제도가 기업의 투자를 저해하고 외국자본의 공격적 M&A에 대해 경영권 방어를 어렵게 한다는 주장이다. 출자와 투자는 별개의 개념이기는 하지만 출자를 거쳐 투자를 할 수도 있는데, 출자제한은 이런 투자를 제한시키는 요인이 된다는 주장이다.

제한대상 기업이 특정 분야에 투자하기 위해 그 전단계로 이 분야의 기업에 출자를 먼저 하고, 다시 이 자금으로 출자받은 기업이 투자를 할 수 있는데, 출자제한으로 인해 이런 투자가 이루어지기 어렵다는 주장을 한다. 이론적으로는 받아들일 수 있는 주장이다.

그러나 이 방법의 투자는 수많은 투자형태 중의 하나일 뿐이다. 그런데 이런 투자는 계열확장을 야기하는 투자이다. 출자총액제한제도의 목적은 과도한 계열확장을 억제하는 것이기 때문에 이런 형태의 투자는 제약을 받는 것이 불가피하다. 그렇지만 이 때문에 기업의 전체적인 투자가 억제된다는 논리는 너무 과장된 주장이다.

그리고 통계상으로 출자총액제한제도로 인해 제한받게 되는 이런 형태의 투자가 어느 정도인지는 구체적으로 알려지지 않고 있다. 공정거래위원회측의 자료에서는 출자총액제한제도 때문에 제한받게 되는 이런 형태의 투자는 매우 미미한 수준이라고 한다.

기업이 진정으로 원하는 투자는 타회사 출자를 거치지 않고도 얼마든지 행해질 수 있다. 구태여 타회사를 거쳐야 할 투자가 있다면 출자총액제한제도 범위 내에서 하면 된다. 그러므로 이것 때문에 투자가 위축된다는 주장은 근거가 취약하다고 할 수 있다.

법인끼리의 순환출자가 외국자본에 의한 적대적 M&A로부터 국내기업의 경영권을 보호하는 유용한 수단이 될 수 있는데, 출자총액제한제도 때문에 법인자금이 이런 역할을 수행하는 데 한계가 있다는 주장도 강하다. 거기다가 외국자본은 이런 규제 없이 국내기업을 공격하는 데 비해 국내재벌기업은 출자총액제한제도의 규제를 받기 때문에 국내기업에 대한 역차별문제가 발생한다고 주장하기도 한다. 이러한 주장들도 형식논리로는 타당성이 있다. 그러나 좀 더 구체적으로 파고 들어가 보면 이 논리가 출자총액제한제도를 폐지시킬 만한 논리가 되기는 어렵다는 것을 알 수 있다.

우선 역차별의 문제는 외국자본과 국내자본 사이의 공정경쟁에 관한 문제인데, 국내자본과 외국자본이 국내기업을 공격할 때 어느 쪽이 유리한지는 임의적으로 결론지을 수 없다. 오히려 국내자본이 훨씬 유리한 입장에 있다. 국내자본은 이미 순환출자를 거치면서 엄청난 가공자본을 창출하기 때문이다.

외국자본은 가공자본이 아닌 실질자본만으로 국내기업을 공격한다. 거기다가 외국자본은 국내자본이 적용받지 않는 별도의 규제를 받기도 한다. 외국자본은 또 자국의 규제도 받는다. 반면에 국내자본은 우리 나라 법의 규제만 받는다.

출자총액제한제도는 국내자본에 적용되는 여러 가지 규제 중의 하나일 뿐이다. 그것도 지정된 기업집단에 한해서만 적용된다. 따라서 이 제도 때문에 기업인수 경쟁에서 국내자본이 외국자본에 비해 불공정해지는 것은 아니다. 출자총액제한제도로 인해 국내재벌기업이 역차별을 받는다는 주장은 그 논거가 매우 약하다.

순환출자가 국내자본을 경영권 보호에 동원할 수 있는 유용한 수단이 되는 것은 틀림없다. 일본의 대기업들도 그네들끼리의 순환출자가 안정주주로서의 역할을 하면서 적대적 M&A로부터 자기들을 보호하면서 경영권을 안정화시키는 역할을 수행한다.

그런데 일본과 한국의 경우는 경영권 안정의 의미가 완전히 다르다. 한국의 경우는 총수의 경영권을 회사 돈으로 보호시켜 주는 개념이고, 일본의 경우는 전문경영인이 안정적으로 경영을 할 수 있도록 우호지분을 확보해 두는 개념이다. 일본에서는 전문경영인이 경영실패를 하면 우호지분이 그를 밀어 낸다. 그러나 한국에서는 총수가 경영실패를 해도 순환출자가 그를 지켜 준다.

출자총액제한제도는 회사 돈으로 과도하게 총수의 경영권을 보장시켜 주는 데 제한을 가하는 제도이다. 총수가 회사 돈으로 많은 회사에 대해 경영권을 확보하고, 이를 과도하게 보호받는 것은 바람직하지 않다.

이 제도하에서도 총수는 여전히 회사 돈으로 경영권을 유지하고 보호를 받고 있다. 출자총액제한제도는 이것이 너무 심하게 되어서 경제 전체에 위험이 초래되는 것을 방지하자는 제도일 뿐이다. 따라서 이 제도가 외국기업과의 역차별 때문에 폐지되어야 한다는 주장은 받아들이기 어렵다.

4. 출자총액제한제도의 개선방향

(1) 일관성 및 예측가능성 유지

출자총액제한제도의 잦은 수정은 규제논거를 변질시켜 온 과정이기도 하다. 어떤 규제이든 그 내용이 자주 바뀌면 규제의 본래 의도는 호도되기 마련이고, 피규제자는 혼란스러워할 수밖에 없으며, 규제효과는 반감된다.

이제 출자총액제한제도는 규제의 논거를 분명히 하면서 그 논거에 맞는 내용을 초지일관 유지시켜야 한다. 그래야 기업들이 거기에 맞추어 일관성 있게 대응해 나갈 수 있다. 미래의 규제가 예측가능해야 피규제자는 장기적인 사업전략을 구사할 수 있다.

만약 규제의 내용이 수시로 바뀌면 피규제자는 그 규제가 어떻게 바뀔지 나름대로 예측해서 대응책을 마련하게 된다. 심지어는 피규제자가 그 규제를 바꾸기 위해 준비도 하고, 노력도 하고, 저항도 한다. 지금까지 출자총액제한제도도 이런 방식으로 바뀌어 왔기 때문에 기업들은 규제를 준수하기보다 규제를 바꾸는 데 치중해 왔다.

규제가 이런 과정을 밟으면 규제로서의 의미가 사라지고 규제의 성과도 기대할 수 없다. 출자총액제한제도는 그 내용을 피규제자의 요구에 맞추어 자주 바꾸어 왔기 때문에 제도 자체가 형해화되고 말았다. 이제부터라도 이 제도를 다시 바로잡아 일관성 있게 유지시키는 것이 매우 중요하다.

바로잡는 것은 이 제도를 또다시 변화시키는 것이기 때문에 일관성을 또 한번 해치는 것 같아 보이지만 이것은 불가피하다. 그 동안 이 제도가 너무 자주 바뀌면서 그 내용이 매우 난삽하게 변질되어 왔기 때문이다.

이제는 이 제도를 단순명료화시키는 것이 필요하다. 규제당국도 피규제자도 쉽게 이해할 수 있을 뿐 아니라 규제논거에도 충실한 내용이어야 한다. 바로잡는 것은 한 번은 꼭 거쳐야 할 과정이다. 그런 후에는 일관성이 유지되어야 한다.

(2) 예외규정과 적용제외규정의 과감한 폐지

예외규정과 적용제외규정은 출자총액제한제도에 대한 저항을 무마하는 과정에서 도입된 것이라고 볼 수 있다. 기업 입장에서는 타기업의 주식을 소유하는 것이 불가피한 상황에 직면할 수 있는

데, 이런 출자에까지 이 제도를 적용시키는 것에 대해 기업들은 불만이 컸다. 따라서 정부는 이런 출자를 출자총액제한제도로부터 제외시키는 규정을 확대해 나갔다.

정부는 산업정책의 일환으로 출자를 권장할 필요가 있다고 판단하는 분야의 출자는 출자총액제한제도에서 제외시켜 주었다. 그 밖에도 이런저런 정책의 목적으로 출자가 필요하다고 판단되는 분야에 대한 출자는 출자총액제한제도에서 제외시켜 나갔다. 이렇다 보니 이 제도의 대상에서 제외되는 출자의 종류가 급격히 늘어났다.

출자총액제한제도는 그 취지가 일정 범위를 넘어서서 과도하게 타회사에 출자하지 말고, 그 범위 내에서는 기업이 자율적으로 출자할 수 있도록 하는 것이다. 기업의 출자를 좋은 출자와 나쁜 출자로 구분하는 것은 정부의 개입영역이 아니다.

기업에게는 좋은 출자가 나라에는 나쁜 출자가 될 수도 있고, 기업에게는 나쁜 출자라도 나라에는 좋은 출자가 될 수도 있다. 그러므로 출자의 성격을 구분하여 허용할 출자와 허용하지 않을 출자로 나누는 것은 정부가 할 일을 넘어선다.

정부는 큰 범위를 정해서 기업으로 하여금 그 범위를 넘어서지 않는 선에서 자율적으로 출자행위를 하도록 하면 족하다. 그 범위가 너무 좁으면 범위를 상향조정하는 것은 가능한 일이다. 그러나 개별 출자에 대해 출자의 성격을 구분하여 그 범위에 포함시키는 출자와 포함시키지 않는 출자를 구분하는 것은 시장경제의 올바른 방향이 아니다.

따라서 예외규정과 적용제외규정은 대폭 삭제하는 것이 출자총액제한제도를 본래 취지에 맞게 되돌리는 일이다. 모든 출자를 포함해서 순자산의 25% 이내에서만 출자하도록 하는 것이 원칙이다. 만약 이 제한이 너무 강하다면 예외규정이나 적용제외규정을 삭제하는 대신 그 비율을 상향조정하는 것은 가능할 것이다. 개별 출자는 기업 스스로가 판단해서 정할 사항이고, 규제는 총량만 제한하는 것이 옳은 접근이다.

(3) 지배구조 관련규정의 삭제

출자총액제한제도를 지배구조와 관련시키는 것도 이 제도 본래의 규제논거를 변질시키는 요인이 된다. 출자총액제한제도는 자연인 개인이 회사 돈이나 가공자본으로 지배기업을 과도하게 늘려 나가는 것을 억제시키기 위한 제도이다. 따라서 이 목적과 직접 관련이 없는 사항을 출자총액제한제도에 끌어들이면 본래의 규제목적이 실현되기 어렵다.

지배구조와 출자총액제한제도를 연결시키는 대표적 규정은 의결권 승수가 낮은 기업집단을 출자총액제한제도 기업집단으로부터 졸업시키는 규정(공정거래법 시행령 제17조 2항)과 지배구조 모범회사를 출자총액제한제도 대상에서 제외시키는 규정(법 제10조 7항, 시행령 제17조의9)이다. 지배구조 관련조건이 충족되었다고 출자총액제한제도가 추구하는 목적이 달성되었다고 볼 수는 없다. 그런데도 이런 조건을 출자총액제한제도에 끼워 넣는 것은 다른 정책목적을 이 제도로 해결해 보려는 편법이다.

이렇게 하면 지배구조정책도 제대로 달성되지 않고 출자총액제한제도 정책도 훼손될 가능성이 있다. 따라서 출자총액제한제도 규제에서 기업지배구조에 대한 규정은 삭제하는 것이 바람직하다. 출자총액제한제도는 이 제도의 목적에 충실한 수단만 사용하는 것이 옳은 접근이다.

표 4-2 출자 총액 제한대상 기업집단의 변화(1987~2006)

연도	기업집단수	계열기업수	순자산액 (10억 원)	출자비율(%)	제한비율	지정기준
1987	32	509	7,476	43.60	40%	자산 4,000억 원
1988	40	608	9,430	37.80	〃	〃
1989	43	673	13,460	32.70	〃	〃
1990	53	198	18,334	32.10	〃	〃
1991	61	921	21,248	31.80	〃	〃
1992	78	1056	25,820	28.80	〃	〃
1993	30	604	29,145	28.00	〃	자산 순위 30위
1994	30	616	36,100	26.80	〃	〃
1995	30	623	42,884	26.30	25%	〃
1996	30	669	54,831	24.75	〃	〃
1997	30	819	61,343	27.51	〃	〃
1998	30	804	59,233	29.84	〃	〃
1999	30	686	96,732	30.95	〃	〃
2000	30	544	a. -	-	폐지	〃
2001	30	624	-	-	〃	〃
2002	19	356	196,669	27.97	25%	자산 5조 원
2003	17	364	202,349	24.01	〃	〃
2004	18	378	154,799	22.67	〃	〃
2005	11	283	75,902	28.98	〃	자산 6조 원
2006	14	463	-	-	〃	〃

자료: 공정거래위원회.

(4) 제한비율의 재조정

출자총액제한제도가 처음 시행되었던 1987년부터는 제한선이 순자산의 40%였는데, 그 이후 법이 개정되어 1995년부터는 순자산의 25%로 강화되었다. 그러면서 졸업제도와 예외규정 등이 대량 도입되었다.

실제로 기업집단들의 출자현황을 살펴보면 30%선을 크게 넘지 않는다. 〈표 4-2〉에 의하면 1987년부터 2005년까지 대상기업집단

표 4-3 2005년도 출자 총액 제한대상 기업집단의 출자현황

단위: %

기업집단명	순자산액 (백만 원)	순자산 대비 총출자액의 비율	적용제외 출자의 비율	예외인정 출자의 비율	합계	적용 제외와 예외 차감 후 비율
1. 현대자동차	24,251,853	21.63	9.70	0.23	9.93	11.70
2. LG	756,766	26.65	0.00	12.56	12.56	14.09
3. SK	16,356,762	33.37	10.87	5.48	16.35	17.02
4. KT	10,511,044	37.81	34.55	0.00	34.55	3.26
5. GS	2,170,535	18.57	8.08	0.00	8.08	10.49
6. 한화	3,734,358	73.30	13.63	45.36	58.99	14.31
7. 금호아시아나	2,934,644	52.08	13.75	23.45	37.20	14.88
8. 두산	2,948,342	39.55	25.06	5.13	30.19	9.36
9. 한국철도공사	8,517,079	0.97	0.00	0.00	0.00	0.97
10. 동부	2,610,538	29.32	5.10	6.45	11.55	17.77
11. 현대	1,110,001	38.86	0.06	8.38	8.44	30.42
합계	75,901,952	28.98	12.61	5.06	17.67	11.31

자료: 공정거래위원회.

의 연도별 평균출자비율은 43.6%(1987)에서 22.67%(2005) 사이이다. 1987년을 정점으로 점점 감소하는 추세를 보이고 있으며, 1992년 이후에는 30% 이하를 유지하고 있다(1999년만 30.95%).

출자비율은 기업집단별로 많은 차이가 있다. 〈표 4-3〉에서 2005년도 기업집단별 출자비율을 살펴보면 크게는 73.3%(한화)에서 작게는 0.97%(한국철도공사)까지 이르고 있다. 5대 기업집단 중에서는 30%를 넘는 기업집단이 2개이고, 전체 평균은 28.98%이다. 예외와 적용제외 출자를 빼고 나면 출자비율은 30.42%에서 0.97% 사이이다. 그리고 평균은 11.31%이다.

기업별로는 출자비율의 편차가 더 높다. 공정거래위원회 자료에 의하면 2005년도의 대상기업 중 (예외와 적용제외를 고려하지 않고) 출자비율이 50%가 넘는 회사는 총대상회사 193개 중 19개이고, 50% 미만이면서 30%가 넘는 회사는 14개이다. 나머지는 회사출자

가 아예 없거나 아주 낮은 수준이다. 작은 회사는 비록 출자비율이 높을지라도 절대규모가 작기 때문에 그 영향력은 중요하지 않다.

이와 같은 자료를 종합할 때, 예외규정과 적용제외규정을 삭제할 경우 출자제한비율을 30% 정도로 조정하는 것은 정책의 품질을 높일 수 있는 방안이다. 출자에 대한 기업의 자율성을 확대시킨다는 측면에서 예외와 적용제외를 삭제하면서 출자제한비율을 30%로 상향조정하면 출자총액제한제도는 본래의 정책목적을 더 충실히 실현시킬 수 있을 것이다. 그런데 2007년의 공정거래법 개정시는 예외와 적용제외는 그대로 둔 채 이 비율만 40%로 대폭 상향조정시켰다. 이것은 출자총액제한제도를 거의 무력화시키는 법개정이다.

(5) 제한대상을 소수의 초대규모 기업집단만으로

출자총액제한제도의 대상이 되는 기업집단의 기준은 그 동안 여러 번 바뀌어 왔다. 처음에는 자산규모가 4,000억 원 이상인 기업집단을 대상으로 하였으나, 기업규모가 커지면서 제한대상이 되는 기업집단의 수가 너무 늘어나자 30대 기업집단으로 그 수를 한정하여 출자총액제한제도를 적용시켰다. 이 규정은 다시 자산규모 5조 원 이상의 대규모 기업집단으로 바뀌었다가 지금은 자산규모 6조 원을 거쳐 10조 원까지로 증대되었다. 이와 같이 지정기준이 수시로 바뀌니 규제의 신뢰성이 떨어질 수밖에 없다. 그리고 규제의 정당성을 확보하기도 어렵다.

가능하면 규제대상자의 지정은 단순하고 논거가 분명해야 한다. 출자총액제한제도의 목적은 큰 재벌들이 과도하게 계열확장하는 것을 억제시키기 위한 제도이다. 따라서 규모가 큰 기업집단을 대상으로 하는 것은 당연하다. 그렇다면 얼마나 큰 기업집단이 대상이 되어야 하는지 근거를 마련해야 한다. 근거를 정하는 기준은 자산규모나 규모의 순위 이외에는 별 뾰족한 방법이 없다.

그런데 금액을 기준으로 기업집단을 지정하는 것은 일관성을 유지하기 어렵다. 경제성장과 더불어 지정되는 기업집단의 수가 끊임없이 증가하기 때문이다. 대상이 되는 기업수가 너무 늘어나면 제도의 본래 취지가 퇴색할 수 있다. 따라서 수시로 기준금액을 상향조정할 수밖에 없는데, 이 때 새로운 기준금액의 설정을 두고 불필요한 논쟁이 일어나서 또다시 정책의 취지를 훼손시킨다.

자산규모가 어느 선 이상일 때 출자총액제한제도의 대상이 되는 것이 타당하냐는 질문에는 정답이 있을 수 없다. 재벌들은 가능한 한 기준금액을 더 높게 끌어올려 대상이 되는 기업집단의 수를 줄이려고 할 것이다. 이런 논쟁에서는 불필요한 국력소모가 생겨나기도 한다.

이런 관점에서 볼 때 금액을 기준으로 출자총액제한제도 대상 기업집단을 지정하는 것은 바람직하지 않다. 거기다가 기준금액도 어차피 대상이 되는 기업수를 염두에 두고 정한다. 대상이 되는 기업수가 너무 많으면 금액을 상향조정하고, 대상이 되는 기업수가 너무 적으면 금액을 하향조정한다. 따라서 지정기준은 어차피 기업수를 기준으로 할 수밖에 없다.

과거에는 30대 기업집단을 출자총액제한제도의 대상으로 정한 적이 있다. 물론 30이라는 숫자의 그 근거를 찾기는 어렵다. 하지만 30위 이내에 드는 기업집단들은 쉽게 계열확장을 시도할 수 있는 우월적 조건을 가졌다고 볼 수 있다. 그런데 30위 이내에 드는 기업집단도 규모의 차이가 심하기 때문에 그 수를 좀더 줄일 필요는 있다.

어쨌든 지정기준은 수시로 변화시켜야 하는 자산액보다 그 수를 확정해 놓는 것이 더 타당하리라고 본다. 이것이 정책의 신뢰성과 효율성을 더 높일 수 있을 것이다.

5. 간단명료한 출자제한으로

출자총액제한제도는 찬반논의가 치열하지만 당분간은 존치가 불가피한 제도이다. 재벌의 과도한 계열확장은 나라경제 전체의 건전한 발전과 상충할 뿐만 아니라 재벌들의 계열확장 욕구도 크게 변하지 않았기 때문이다. 그러나 현재의 출자총액제한제도는 많은 문제점을 안고 있기 때문에 정책의 유효성을 높이기 위한 제도의 개선은 불가피하다.

출자총액제한제도의 적용은 여러 단계를 거쳐 최종 적용대상이 정해지는 복잡한 과정을 거친다. 이런 과정에서 정책의 본래 취지가 훼손되고 정책효과도 반감된다. 따라서 이 과정을 대폭 정비하여 정책시행을 가능한 한 단순명료하게 하는 것이 필요하다.

규제는 단순명료해야 규제비용이 최소화되고 규제효과는 최대화될 수 있다. 규제가 복잡하면 규제당국은 많은 행정비용을 지출하게 되며, 피규제자도 그 나름대로 더 많은 규제대응비용을 지불해야 하기 때문이다. 따라서 그 동안의 시행과정에서 변질되고 난삽해진 출자총액제한제도는 이제 출발시처럼 다시 간단명료하게 바로잡는 것이 필요하다.

우선 출자총액제한제도의 대상을 정하는 방식에서 지배구조 관련조건은 폐지하는 것이 바람직하다. 기업지배구조는 이 제도의 목적과 직접 관련성이 없기 때문이다. 따라서 지배구조 개선정책을 출자총액제한제도 정책에 끼워 넣는 것은 바람직한 접근이 아니며, 지배구조정책은 그 목적에 부합하는 별도의 정책수단을 동원해야 한다. 그리고 출자총액제한제도는 순수하게 이 제도의 목적과 관련된 정책수단만 사용해야 한다.

출자총액제한제도의 예외규정과 적용제외규정도 대폭 삭제하는 것이 필요하다. 과도한 예외나 적용제외가 출자총액제한제도의 고유목적을 퇴색시킬 뿐만 아니라 규제비용 증가의 주요인이 되기도 한다. 그리고 이 제도의 효과도 약화시킨다. 출자총액제한제도의 출발 당시에는 이런 규정이 아예 없었는데, 그 이후에 피규제자의 불만을 완화시키는 과정에서 이런 규정들이 도입되었다. 이제 예외규정과 적용제외규정은 대폭 삭제시켜 처음 규정으로 되돌아가는 것이 필요하다.

예외와 적용제외를 삭제하는 대신 출자제한비율은 다소 상향조정하는 것이 가능할 수 있다. 그 동안의 제한비율은 25%인데, 2007년의 법개정은 이를 40%로 끌어올렸다. 그러나 이 비율은 제도 자체를 무의미할 정도의 높은 비율이므로, 30%까지 완화시키는 것은 긍정적으로 고려해 볼 수 있는 사항이다.

지정기준은 금액에서 순위로 바꾸는 것이 현실적인 접근이다. 기준금액은 4,000억 원에서 5조 원, 6조 원, 10조 원으로 조정되어 왔는데, 금액이란 계속 조정할 수밖에 없는 운명을 가지고 있다. 금액으로 못박으면 대상이 되는 기업집단의 수가 계속 증가하기 때문이다.

기업집단의 수를 일정하게 유지하기 위해 금액을 계속 상향조정할 바에야 처음부터 일정 수의 기업집단만을 지정하는 것이 더 현명한 방법이다. 과거에 시행하였던 상위 30대 기업집단제도를 재도입하든지, 그 수를 5대 기업집단으로 대폭 줄이는 것 등은 고려해 볼 수 있는 사항이다.

정책의 실효성을 증가시키고 규제비용을 줄이기 위해 출자총액제한제도는 반드시 재정비되어야 하며, 수정된 정책은 일관성을 유지해야 한다. 그리고 이 제도를 뒤흔드는 행위는 중단되어야 한다.

5

지주회사: 보약일까 독약일까

1. 지주회사의 순기능과 역기능
2. 지주회사 현황
3. 외국의 지주회사
4. 재벌 대안으로서의 지주회사
5. 지주회사는 효율성 제고수단으로만

5

지주회사: 보약일까 독약일까

1. 지주회사의 순기능과 역기능
2. 지주회사 현황
3. 외국의 지주회사
4. 재벌 대안으로서의 지주회사
5. 지주회사는 효율성 제고수단으로만

1. 지주회사의 순기능과 역기능

지주회사는 크게 순수지주회사(pure holding company)와 사업지주회사(operating company)로 구분하고 있다.❶ 순수지주회사는 타회사를 소유하고 지배하는 것만을 업으로 하는 회사이고, 사업지주회사는 자기의 고유한 사업을 영위하면서 동시에 타회사를 소유 · 지배하는 회사를 지칭한다.

우리 나라에서는 1987년부터 공정거래법에서 순수지주회사의 설립을 금지해 왔었다. 순수지주회사는 가공자본으로 경제력집중을 심화시켜 재벌체제를 더욱 공고히 할 것이라고 우려하였기 때문이다. 그렇지만 사업지주회사는 허용되어 왔고, 재벌들은 사업지주회사를 통해 재벌체제를 구축하고 유지해 왔다.

금지되던 순수지주회사도 1999년의 공정거래법 개정시 설립이 허용되었다.❷ 정부가 지주회사의 허용을 위해 내세웠던 논리는 재벌

❶ 순수지주회사와 사업지주회사는 일본 학자들이 일본의 지주회사 해금논의 때 편의적으로 만들어 낸 용어이고, 학술적으로는 지주회사(holding company)라는 용어만 사용되고 있다.

❷ 1997년의 외환위기로 인해 기업들이 본격적인 구조조정에 들어가자 이를 핑계로 재벌들은 지주회사의 허용을 강력히 요구하였다. 지주회사는 구조조정을 촉진시킬 수 있는 유용한 수단이 될 수 있다는 것이다. 지주회사가 허용되면 기존 사업을 분리시키기도 쉽고, 새 사업에 진출하기도 쉽다는 논리를 내세웠다. 그리고 그룹 내의 사업 재편성도 유용하게 추진할 수 있다고 하였다. 정부는 결국 이들의 요구를 수용하여 1999년에 공정거래법을 개정하면서 지주회사의 설립을 허용하였다.

들의 주장과 별 차이가 없었다. 지주회사를 이용하면 사업의 분리나 통합이 쉬워져 재벌의 구조조정이 원활해진다고 보았다.

그리고 지주회사가 설립되면 그 동안 편법적으로 운영되어 오던 구조조정본부(그 이전에는 회장비서실, 기조실, 종기실 등의 명칭으로 유지되었다)가 법적인 조직이 되면서 역할을 정상화할 수 있다고 하였다. 지주회사가 바로 구조조정본부가 될 수 있기 때문이다.

정부는 또 하나의 논리를 추가하고 있다. 이 논리는 재벌측에서는 주장하지 않았지만 정부가 지주회사 허용의 강력한 명분으로 내세운 논리이다. 정부는 지주회사가 설립되면 재벌의 지분소유관계를 단순화시켜 기업지배구조를 개선시킬 수 있다고 하였다. 소유관계가 지주회사를 중심으로 수직계열화되면 그룹의 소유구조가 단순화되어 금융기관이나 소수 주주에 의한 경영감시가 용이해지고 경영투명성이 확보될 수 있다고 하였다.

이론적으로 지주회사의 기능은 크게 두 가지로 요약 · 정리할 수 있다. 첫째는 지주회사를 통해 기업경영을 더 효율화시킬 수 있다는 것이다. 이것은 지주회사의 긍정적 기능이 될 수 있다. 지주회사를 통해 사업의 분리나 통합을 용이하게 진행시킬 수 있고, 기업이나 그룹의 구조조정을 보다 쉽게 추진할 수 있다. 그리고 수직화된 지배체제를 통해 기업경영을 효율화시킬 수 있다.

그런데 이런 효과는 순수지주회사를 통해서만 가능한 것은 아니다. 지금까지 재벌그룹들이 널리 활용해 오고 있는 사업지주회사를 통해서도 이런 효과는 얼마든지 가능하다고 볼 수 있다.

둘째는 지배자본을 절약할 수 있다는 점이다. 말하자면, 최소한의 자본으로 가장 많은 기업을 지배할 수 있다. 이것은 기업 입장에서는 긍정적 효과이지만 경제 전체적인 면에서는 부정적 효과가 될 수 있다. 경제력집중이 심화되고 재벌체제가 영구화될 수 있기 때문이다.

재벌 총수들은 지주회사를 이용하여 더 많은 가공자본을 창출할 수 있고, 이를 통해 더 많은 기업을 지배할 수 있다. 지주회사는 회사를 통해 다른 회사를 지배하는 제도이기 때문이다. 따라서 재벌의 지배범위가 더 커질 수 있다.

한국 재벌의 원조이고 재벌제도의 극치라고 할 수 있는 과거 일본의 재벌이 바로 지주회사를 중심으로 만들어진 재벌이었다. 지주회사만 상속되면 재벌그룹 전체가 세습된다. 따라서 재벌체제는 영속화될 수 있다.

지주회사는 이와 같이 양면성을 가지고 있다. 경제 전체 입장에서 볼 때, 이 양면성은 긍정적인 면과 부정적인 면을 의미한다. 따라서 순수지주회사를 허용할 때는 부정적인 효과는 최소화시키면서 긍정적인 효과는 최대화시킬 수 있는 보완적 장치가 동시에 강구되어야 한다.

이를 위해 정부는 극히 제한된 모습의 지주회사를 디자인해서 이런 형태의 지주회사만 만들 수 있도록 허용하고 있다. 그리고 재벌들로 하여금 이런 지주회사체제로 전환하도록 유도하였다.

이 장에서는 과연 정부가 제시한 지주회사 모형이 재벌문제의 해결책이 될 수 있는지를 살펴보고 있다. 지금까지 제시되고 있는 제반 재벌문제가 지주회사에 의해 과연 해소될 수 있을지, 오히려 지주회사가 재벌들에 의해 악용될 소지는 없는지 등을 분석하고 있다.

2. 지주회사 현황

(1) 공정거래법상의 지주회사제도

공정거래법 제2조는 "주식의 소유를 통하여 국내회사의 사업내용을 지배하는 것을 주된 사업으로 하는 회사"를 지주회사라고 규정하고 있다. 그리고 시행령 제2조에서는 "자산 총액이 1,000억 원 이상으로서 자회사의 주식가액 합계액이 자산 총액의 50% 이상인 회사"를 지주회사라고 구체화시키고 있다. 이를 종합하면 1,000억 원 이상의 자산규모를 가진 회사가 자회사를 소유하면서 자회사 주식가액의 합계가 모회사 자산의 50% 이상이 되면 이 모회사는 지주회사가 된다.

그림 5-1 한국의 지주회사체계

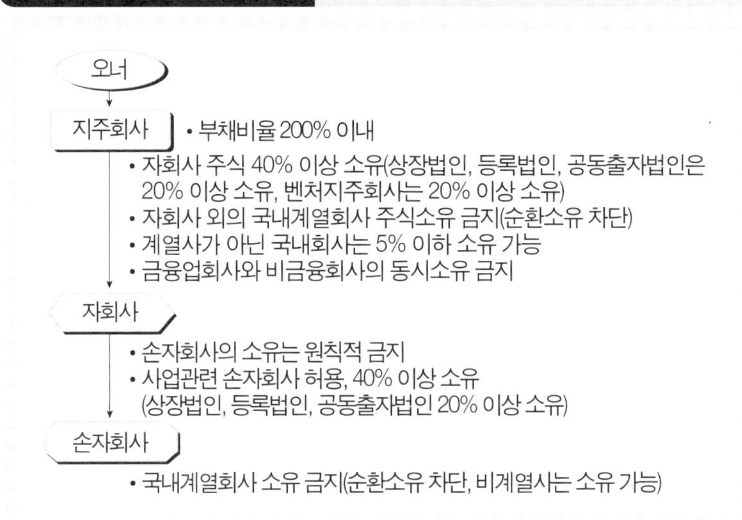

일단 이 규정에 해당하면 순수지주회사와 사업지주회사의 구분 없이 지주회사로 구분되어 각종 규제를 받게 된다. 공정거래법에서 정하고 있는 지주회사에 대한 규제는 〈그림 5-1〉과 같다.

우선 지주회사는 부채비율을 200% 이내로 유지시켜야 한다. 이 규정은 지주회사가 남의 돈으로(부채로) 과도하게 타회사를 지배하는 것을 방지하기 위한 것이다. 이는 지주회사를 통한 경제력집중을 억제시키겠다는 의도이다.

지주회사가 자회사를 소유하는 데도 여러 가지 규제가 있다. 지주회사는 자회사 주식을 40% 이상 소유하여야 한다. 자회사가 상장법인, 등록법인, 공동출자법인인 경우에는 20% 이상만 소유하여도 된다. 그리고 벤처지주회사도 자회사 주식을 20% 이상만 소유하여도 된다.

이렇게 지주회사의 주식지분에 하한선을 두는 것도 경제력집중을 억제시키기 위한 것이다. 만약 이 지분이 작아지면 지주회사가 소유할 수 있는 자회사의 수는 더욱 많아질 수 있다.

〈그림 5-1〉에서처럼 재벌 오너가 지주회사를 소유하고 지주회사가 많은 자회사를 거느리면 재벌에 의한 경제력집중은 심화될 수 있다. 따라서 지주회사가 소유할 수 있는 자회사 지분에 하한선을 두는 것은 경제력집중을 억제시키기 위한 장치이다.

〈그림 5-1〉에서 지주회사, 자회사, 손자회사는 모두 오너를 동일인으로 하는 기업집단의 계열기업이다. 그리고 오너는 지주회사 외에도 다른 회사들을 직접 또는 간접으로 소유할 수 있다.

이렇게 되면 재벌 오너는 지주회사를 통한 계열기업과 지주회사를 통하지 않은 계열기업을 동시에 거느릴 수 있게 된다. 즉, 오너를 동일인으로 하는 기업집단에는 지주회사를 통한 계열기업과 지주회사를 통하지 않은 계열기업이 동시에 존재한다.

그런데 〈그림 5-1〉에서 지주회사는 자회사 외의 국내계열회사에 대해서는 주식을 소유할 수 없다. 따라서 지주회사를 통한 계열회사와 지주회사를 통하지 않는 계열회사는 엄격히 분리된다.

이렇게 분리시키는 이유는 지주회사를 통한 순환소유를 차단시키기 위한 것이다. 지주회사를 통한 순환소유가 차단되면 계열확장도 그만큼 억제될 수 있다. 이것도 결국은 재벌 오너에 의한 경제력집중을 억제시키기 위한 장치이다.

지주회사는 계열회사가 아닌 국내회사에 대해서는 5%까지만 주식을 소유할 수 있다. 이것은 지배목적이 아닌 한 지주회사도 다른 회사에 출자할 수 있다는 것을 의미한다. 그러나 이것은 재벌의 지배영역을 확장시킬 위험이 있다. 경우에 따라서는 5% 지분으로도 기업지배가 가능할 수 있기 때문이다. 지주회사가 계열회사는 아니지만 타회사 주식을 5% 소유하면서 영향력을 행사한다면 결국 총수에 의한 경제력집중은 증가할 수 있다.

금융지주회사는 일반지주회사와 분리시키고 있다. 〈그림 5-1〉에서 지주회사가 금융업 회사와 비금융업 회사를 동시에 소유할 수 없도록 한 것은, 금융지주회사는 금융업 회사만을 자회사로 거느리고 일반지주회사는 비금융회사만을 자회사로 거느리도록 하여 금융지주회사와 일반지주회사를 분리시키기 위한 것이다.

이 규정은 금융자본과 산업자본을 분리시키기 위한 조치라고 볼 수 있다. 산업자본(재벌)이 금융자본을 지배하면 금융기관을 사금고화시켜 국가의 자원배분을 왜곡시킬 수 있기 때문이다.

〈그림 5-1〉에서 자회사는 원칙적으로 손자회사를 거느릴 수 없다. 그러나 사업관련 회사에 한해서는 손자회사를 거느릴 수 있도록

허용하고 있다. 사업관련 회사란 생산공정상 수직관계에 있는 회사들을 말한다. 자회사에 물품을 공급하는 회사나 자회사가 물품을 공급하는 회사는 수직적 연관기업으로 사업관련 회사로 보고 있다.

이런 회사는 자회사가 손자회사도 거느릴 수 있도록 허용하고 있다. 이 때에도 자회사에 의한 과도한 계열확장을 막기 위해 손자회사의 주식을 40% 이상 소유하도록 하고, 상장법인, 등록법인, 공공출자법인에 한해서는 20% 이상 소유도 가능하도록 하였다.

손자회사는 국내계열회사 주식을 소유할 수 없다. 이 규제도 순환소유를 차단하기 위한 장치이다. 그러나 비계열사에 대해서는 소유제한이 없다. 그런데 손자회사가 다른 회사에 출자할 수 있으면 그 기업이 비록 계열사로 편입될 정도는 아닐지라도 그 지분이 높으면 손자회사에 의해 어느 정도 영향을 받을 수 있기 때문에 경제력집중을 확대시킬 우려가 있다.

종합하건대, 〈그림 5-1〉에 나열된 제반 규제는 대부분이 지주회사에 의한 과도한 계열확장을 억제시키기 위한 장치이다. 지주회사는 타회사 지배를 주사업으로 하는 회사이다. 지주회사가 너무 많은 회사를 지배하면 지주회사의 오너에 의한 경제력집중이 심화될 것은 자명하다. 따라서 지주회사는 허용하되 지주회사에 의한 경제력집중은 막기 위해 미봉책으로 도입된 장치들이 〈그림 5-1〉의 제반 규제이다.

그런데 지주회사가 처음 도입되었던 1999년에는 이런 규제가 보다 더 엄격하였다. 지주회사의 부채비율도 100%까지만 허용하였고, 자회사 주식도 50% 이상(상장회사는 30% 이상) 소유하도록 하여 지주회사를 통한 경제력집중을 최대한 억제하려고 하였다.

그러나 재벌들의 집요한 요구에 의해 2007년의 법개정시 이 규제들이 현재처럼 대폭 완화되었다. 지주회사를 이용한 재벌의 세확장은 한층 더 용이해져 경제력집중으로 연결될 가능성이 한결 더 높아졌다.

(2) 지주회사로 인한 소유고리의 변화

2005년 12월 말 기준으로 공정거래위원회에 신고된 지주회사는 총 25개로 〈표 5-1〉과 같다. 일반지주회사가 21개이고, 금융지주회사가 4개이다. 2000년도부터 지주회사가 설립되기 시작하여 매년 3~4개 정도 생겨나고 있다. 금융지주회사를 제외한 일반지주회사에서는 (주)LG와 (주)GS홀딩스만이 규모가 매우 크고, 그 이외는 자산규모 1조 원 미만이다.

(주)LG와 (주)GS홀딩스는 본래 LG그룹에 속한 하나의 재벌이었는데, LG그룹의 공동창업주인 구씨와 허씨 간의 지분정리과정에서 두 그룹으로 분리되어 (주)LG와 (주)GS홀딩스라는 지주회사가 설립되고, 두 지주회사를 중심으로 두 개의 새로운 기업그룹이 만들어졌다.

2001년에 만들어진 (주)LG의 자회사 현황은 〈표 5-2〉와 같다. 〈표 5-2〉는 2004년 말 기준 자료인데, 지주회사인 (주)LG는 15개의 자회사를 거느리고 있다. 나머지 회사들은 공정거래법상의 자회사 요건을 충족시킨 회사가 아니다. 우선 (주)LG라는 지주회사는 구본무라는 동일인 및 그 친족 등 특수관계인이 38% 소유하고 있다. 따라서 구씨들은 (주)LG라는 지주회사를 지배함으로써 〈표 5-2〉의 자회사들을 모두 지배할 수 있다.

자회사들은 LG라는 대규모 기업집단의 계열기업에 포함된다.

표 5-1 지주회사 현황(2005. 12. 31)

	회사명	설립 · 전환일	자산총액(억 원)	지주비율	부채비율
일반 지주 회사 (21개사)	1. SK엔론(주)	2000. 1. 1	8,068	94.6%	1.80%
	2. (주)화성사	2000. 4. 1	2,863	99.7%	5.30%
	3. (주)온미디어	2000. 6.15	2,494	66.1%	1.40%
	4. 엘파소코리아홀딩(유)	2001. 1. 1	1,642	99.0%	7.50%
	5. (주)LG	2001. 4. 3	43,491	101.6%	25.70%
	6. (주)동원엔터프라이즈	2001. 4.16	2,240	88.9%	50.10%
	7. (주)대교홀딩스	2001. 5. 4	5,985	92.2%	0.90%
	8. 세아홀딩스(주)	2001. 7. 3	5,304	88.8%	26.60%
	9. 한국컴퓨터지주(주)	2002. 5.27	1,041	90.8%	21.60%
	10. (주)대웅	2002.10. 2	1,416	79.4%	6.14%
	11. (주)풀무원	2003. 3.11	2,328	56.8%	70.60%
	12. (주)농심홀딩스	2003. 7.10	3,594	99.8%	6.80%
	13. 동화홀딩스(주)	2003.10. 1	2,401	86.9%	5.60%
	14. 삼성종합화학(주)	2004. 1. 1	7,212	97.1%	1.30%
	15. (주)이수	2004. 1. 1	1,543	96.7%	49.90%
	16. (주)다함이텍	2004. 1. 1	1,468	58.6%	8.00%
	17. (주)GS홀딩스	2004. 7. 7	26,646	93.8%	37.60%
	18. 롯데물산(주)	2005. 1. 1	9,707	55.8%	11.90%
	19. 롯데산업(주)	2005. 1. 1	1,910	86.4%	37.80%
	20. 한화도시개발(주)	2005. 1. 1	1,007	57.7%	68.70%
	21. 대상홀딩스(주)	2005. 8. 1	1,980	60.6%	0.05%
금융 지주 회사 (4개사)	22. 우리금융지주(주)	2001. 3.27	97,364	96.8%	30.90%
	23. (주)신한금융지주회사	2001. 9. 1	100,744	82.0%	30.00%
	24. 한국투자금융지주(주)	2003. 5.30	13,832	84.4%	17.00%
	25. (주)하나금융지주	2005.11.22	51,794	99.3%	1.50%

자료: 공정거래위원회.

기업집단 LG는 지주회사와 그 자회사뿐만 아니라 계열기업 기준에 해당하는 다른 기업들까지 포함하기 때문에 지주회사보다 더 넓은 개념이다.

〈표 5-2〉에서 (주)LG의 대표적 자회사는 LG화학과 LG전자이다. LG화학은 지주회사가 30%의 지분을 확보하고 있고, LG전자는 32.11%의 지분을 확보하고 있다. 2007년 공정거래법이 개정되기

표 5-2 (주)LG의 보유주식 현황(2004년 말)

회사명	총발행주식수(보통주+우선주)	소유주식수	지분율
1. 엘지화학	73,086,315	21,926,000	30.00
2. 엘지생활건강	17,717,894	5,315,500	30.00
3. 엘지전자	156,792,255	50,341,430	32.11
4. 데이콤	50,427,119	20,063,033	39.79
5. 엘지텔레콤	277,278,430	103,614,396	37.37
6. 엘지생명과학	16,813,206	5,044,114	30.00
7. 실트론	6,702,335	3,418,141	51.00
8. 엘지엠엠에이	2,400,000	1,200,000	50.00
9. 엘지엔시스	1,000,000	1,000,000	100.00
10. 엘지엠알오	800,000	800,000	100.00
11. 엘지씨엔에스	38,711,498	25,470,680	65.80
12. 곤지암레저	200,000	200,000	100.00
13. 엘지스포츠	600,000	600,000	100.00
14. 엘지경영개발원	1,200,000	1,200,000	100.00
15. 루셈	2,160,000	1,400,000	64.81
16. 엘지산전	30,000,000	861,506	2.87
17. 엘지히다찌	500,000	245,000	49.00
18. 한국오웬스코닝	5,553,000	1,620,000	29.18
19. 한국오웬스코닝(우)	1,390,000	240,000	17.27
20. 오티스엘지엘리베이터	8,000,000	1,592,000	19.90
21. 한국능률협회컨설팅	799,951	15,000	1.88
22. 경남신문사	2,375,713	1,500	0.06
23. 사회발전연구소	120,000	1,000	0.83
24. 로티스	221,833	35,000	15.78
25. 드림위즈	9,488,880	888,880	9.37
26. 코엔텍	5,000,000	160,000	3.20
27. 한국경제신문	12,463,285	330,378	2.65
합 계			

자료: 공정거래위원회.

이전에는 지주회사로 하여금 상장회사에 대해서는 30% 이상의 지분을 소유하도록 요구하고 있기 때문에 이 요건은 완벽하게 충족되고 있다.

(주)LG가 LG화학과 LG전자를 소유하고 있는데, 우리 나라에서

는 (주)LG뿐만 아니라 LG화학 및 LG전자도 상장되어 있다. 따라서 LG화학이나 LG전자의 영업실적은 자기의 주가에도 영향을 미칠 뿐만 아니라 (주)LG의 주가에도 영향을 미친다.

이것은 구미 국가의 지주회사와 차이가 나는 점이다. 구미 선진국에서는 대부분의 지주회사가 자회사에 대해 100%의 소유지분을 확보하고 있으면서 지주회사만 상장되어 있다. 따라서 자회사들의 영업실적은 지주회사의 주가에만 영향을 미친다.

LG그룹이 지주회사제도를 선택함으로써 소유구조가 어떻게 달라졌는지가 〈그림 5-2〉와 〈그림 5-3〉에 비교되어 있다. 〈그림 5-2〉는 LG그룹이 지주회사체제로 전환하기 이전의 소유구조이다. 총수와 그 가족들이 중핵기업인 LG전자와 LG화학에 대해 대주주지분을 확보하고, 이 회사들이 다시 다른 회사의 주식지분을 확보하고 있다. 그리고 이 회사들이 다시 다른 회사의 지분을 소유한다. 매우 복잡한 소유고리이다.

반면에 지주회사체제로 전환된 후의 〈그림 5-3〉은 매우 단순한 소유고리를 나타내고 있다. 총수가 지주회사를 소유하고, 지주회사가 자회사를, 자회사가 다시 손자회사를 소유하는 수직적 단선 소유고리를 만들고 있다.

〈그림 5-2〉와 〈그림 5-3〉의 주된 차이는 계열사 간의 소유고리이다. 그런데 소유고리를 이렇게 단순화시킴으로써 그 동안 제기되었던 경제력집중이라는 재벌문제가 과연 해소될 수 있을지는 미지수이다.

순수지주회사가 허용되지 않았을 때는 LG전자, LG화학 등이 사업지주회사로서 재벌그룹의 구심점이 되었는데, 순수지주회사가 허용되면서부터는 이 회사들의 그런 역할은 그대로 유지되면서 추

그림 5-2 지주회사 설립 이전 LG그룹의 지분 구조(2000)

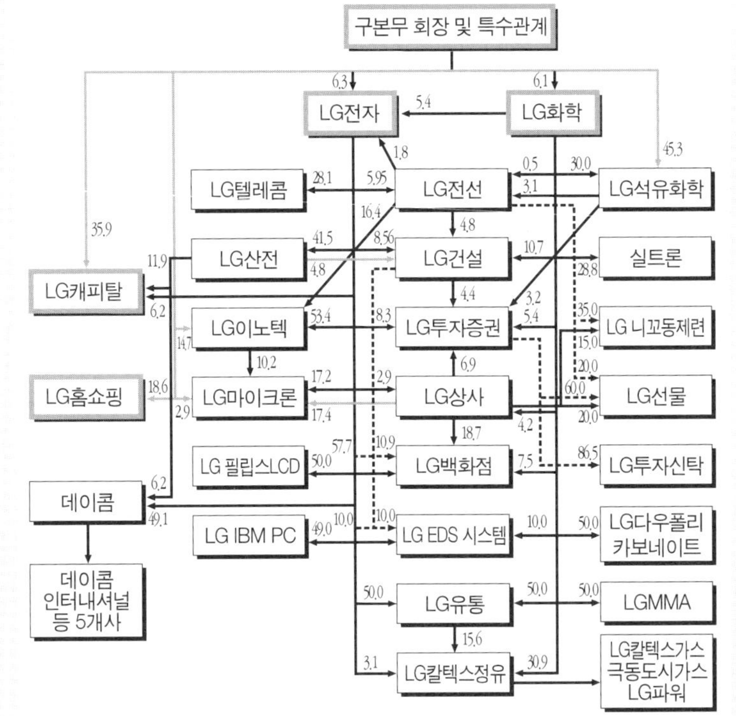

자료: 이은정 · 이주영, 「지주회사 LG의 설립과정 및 특징-소유구조를 중심으로」, 2005, 모노그래프.

가적으로 순수지주회사까지 활용할 수 있게 되었다.

이제 재벌은 사업지주회사와 순수지주회사를 모두 활용할 수 있어 재벌구축을 위한 수단은 오히려 더 많아진 셈이다. 이것은 순수지주회사제도가 재벌에 의한 경제력집중문제를 해결하는 정책은 아니라는 것을 나타낸다.

〈그림 5-4〉는 LG로부터 분리된 GS그룹이 어떻게 지주회사체계

그림 5-3 지주회사로 전환 후 LG그룹의 지분구조(2005)

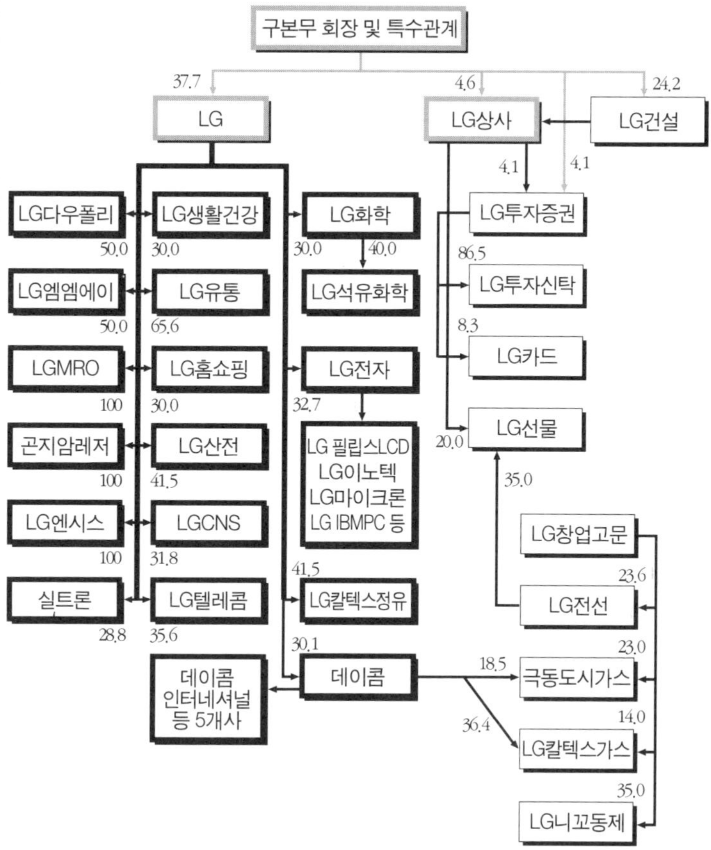

자료: 이은정 · 이주영, 「지주회사 LG의 설립과정 및 특징-소유구조를 중심으로」, 2005, 모노그래프.

를 갖추고 있는지를 보여 주고 있다. 여기서도 오너는 계열기업을 많이 거느리고 있다. 소유고리가 단순화되었기 때문에 정부가 재벌을 관리하는 데는 다소 편리해질 수 있을지 모른다. 그러나 재벌이

그림 5-4 GS홀딩스 지주회사 구성도(2006. 4. 1)

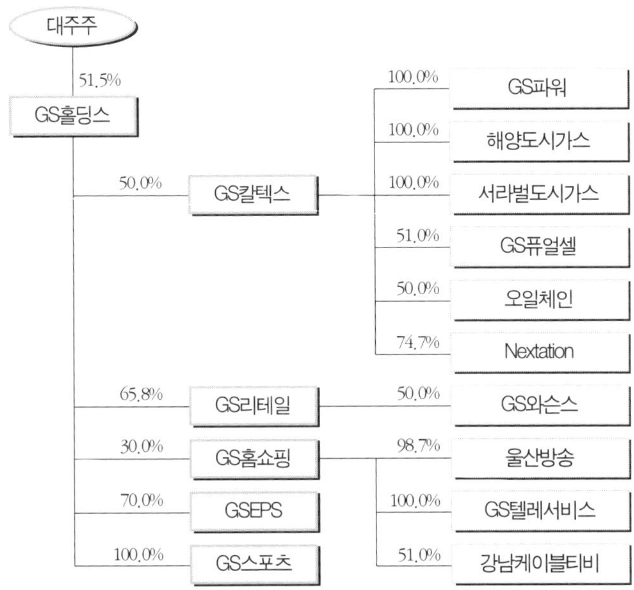

자료: 공정거래위원회.

초래하였던 그 동안의 재벌문제가 자동적으로 해결되리라고 기대할 수는 없다.

3. 외국의 지주회사

(1) 일본의 지주회사

재벌과 관련된 지주회사의 전형은 제2차 세계대전 이전 일본 재

그림 5-5 제2차 세계대전 이전 일본 미쓰이 재벌의 지주회사

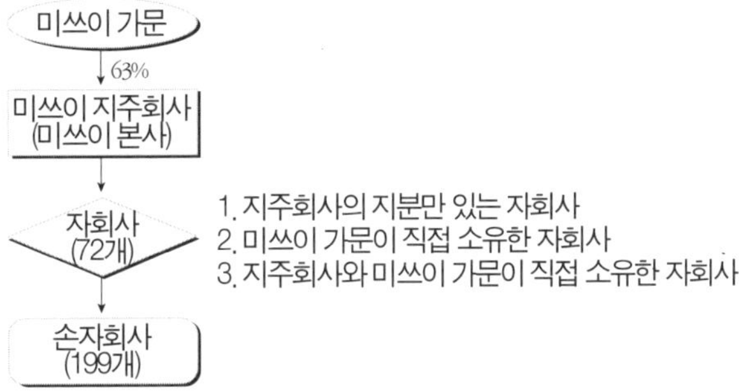

- 미쓰이재벌의 총계열사수 272개(연합군 사령부 자료).
- 일본 경제 전체 납입자본금의 9.4%.
- 동경 시바우라전기회사(미쓰이 본사의 방계회사)를 미쓰이 계열사로 간주하면 총계열사 는 376개.
- 미쓰이 본사의 계열회사는 직계회사, 준직계회사, 방계회사, 기타 산하회사로 구분.

벌의 지주회사라고 볼 수 있다. 일본 재벌은 혼샤(本社)라고 불리는 지주회사를 중심으로 형성된 기업그룹이다. 일본 재벌은 그 자체가 지주회사라고 할 정도로 지주회사가 재벌의 구심체가 되고 있었다.

〈그림 5-5〉는 제2차 세계대전 이전 미쓰이재벌의 지주회사체제를 간략히 정리한 것이다. 다른 재벌들도 이 모형에서 크게 벗어나지 않는 체제이다.[3] 미쓰이 가문은 미쓰이 본사라고 불리는 지주회사를 만들어 63%의 주식지분을 직접 소유하고 있다. 그러므로 지주회사는 완벽하게 미쓰이 가문의 지배하에 귀속된다. 본사는 다시 수많은 자회사를 거느린다. 〈그림 5-5〉에서는 72개의 자회사를 거느리는 것으로 나타나 있다.

---

[3] 제2차 세계대전 이전의 일본 재벌은 주로 4대 재벌을 지칭한다. 4대 재벌은 미쓰이, 미쓰비시, 스미토모, 야스다이다.

자회사에는 지주회사를 통하지 않고 미쓰이 가문이 직접 소유하는 지분도 있다. 따라서 자회사의 소유고리는 세 가지 유형으로 나누어 볼 수 있다. 첫째는 지주회사 지분만으로 미쓰이그룹의 계열사가 된 자회사이고, 둘째는 미쓰이 가문의 직접 지분만으로 미쓰이그룹의 계열사가 된 자회사이며, 셋째는 지주회사와 미쓰이 가문이 동시에 지분을 소유하면서 미쓰이그룹의 계열사가 된 자회사이다. 지주회사 지분 없이 미쓰이 가문의 지분만으로 미쓰이 계열사가 된 회사도 일단 미쓰이그룹의 자회사로 분류하고 있다.

자회사는 다시 손자회사를 거느린다. 〈그림 5-5〉에서는 손자회사가 199개로 정리되어 있다. 따라서 미쓰이그룹의 총계열사수는 272개이다. 그러나 미쓰이 본사의 방계회사로 분류되고 있는 동경시바우라전기회사(東京芝浦電氣會社)까지 미쓰이 계열로 간주하면 미쓰이그룹의 계열사는 총 376개나 된다. 그야말로 장대한 규모의 기업그룹이다.[4]

제2차 세계대전 말 재벌해체시에 정리된 자료에 의하면 미쓰이그룹 계열사들의 납입자본금은 전체 일본 기업 납입자본금의 9.4%에까지 이르고 있다. 미쓰이 가문은 일본 경제의 10%를 장악하고 있던 셈이다.

일본에서 단일재벌이 이런 장대한 규모를 유지할 수 있었던 것은 바로 지주회사 때문이다. 지주회사라는 지배목적의 회사가 그룹의 중핵역할을 수행하기 때문에 이런 규모의 기업그룹이 형성되고 유지될 수 있었다.

일본은 패전 후 연합군 사령부에 의해 대대적인 개혁조치가 시행되었다. 이 때 대표적인 경제분야 개혁은 재벌해체이다. 재벌은

---

❹ Eleanor M. Hadley, *Antitrust in Japan*, Princeton University Press, 1970.

독점기업이었고, 가족지배기업이었다. 그리고 재벌에 의한 경제력 집중현상이 심각하였다. 거기다가 군국주의하의 전쟁협력세력이 재벌이었다.

연합군 사령부는 재벌을 해체하고 일본에 새로운 자유시장경제를 세우려고 하였다. 이를 위해서는 재벌의 해체가 불가피하였다. 재벌체제로는 일본에 제대로 된 자본주의 시장경제를 도입할 수 없다고 판단하였다.

재벌해체는 바로 지주회사의 해체를 의미하였다. 재벌이 존재하고 유지되는 기둥이 바로 지주회사였기 때문이다. 따라서 연합군 사령부는 지주회사를 해체하고 이런 지주회사를 다시는 만들지 못하도록 하였다. 이 때부터 일본에서 지주회사 설립이 금지되었다.

일본에서 재벌은 완전히 해체되었고, 재벌을 대체하는 새로운 기업체제가 만들어졌다. 그것은 케이레츠(系列)라고 불리는 새로운 형태의 기업그룹이다. 전후에는 여러 개의 케이레츠가 나타났는데, 케이레츠 중에 규모가 크고 사장들이 모임을 결성해서 유지되고 있는 케이레츠를 기업집단이라고 부르고 있다. 여섯 개의 기업집단이 잘 알려져 있다. 미쓰이, 미쓰비시, 스미토모, 산와, 후요, 다이이치 칸교가 그것이다.

이들 기업집단은 재벌과 달리 그룹 총수가 존재하지 않는다. 회원기업이 모두 독립적으로 운영된다. 사장들이 주기적으로 만나 정보교환 정도를 하는 친목모임만 유지될 뿐이다. 소유와 경영은 완전히 분리되어 있다. 개별 회원기업의 사장은 모두 전문경영인이면서 실질적인 경영권을 행사한다. 사장이 주식을 소유하고 있지 않기 때문에 경영권이 세습될 이유도 없다. 따라서 일본에는 더 이상 재벌 문제가 존재하지 않는다. 일본의 대기업들은 90% 이상이 소유와 경영이 분리된 전문경영인 지배기업이다.

이런 기업체제로 일본은 경제부흥에 성공하여 세계 최고의 경제대국에 도달하였으며, 1965년에는 OECD에 가입하였다. 그러나 OECD 가입과 더불어 일본은 새로운 경제환경에 직면하였는데, 바로 자본 및 무역의 자유화이다.

개방화와 동시에 일본은 외국자본에 의한 일본 기업의 매수를 우려하였다. 이에 대한 대비책으로 재계와 일본 통산성은 지주회사의 해금을 검토하였다. 지주회사를 통해 산업재편성도 시도할 수 있고, 외국자본에 의한 적대적 인수합병으로부터 일본 기업을 방어할 수도 있다고 보았다. 일본에서는 이를 제1차 지주회사 해금주장이라고 부르고 있다.

그러나 대부분의 법학자와 경제학자는 이 주장에 반대하였다. 지주회사를 허용하면 경제력집중이 심화되고 독점금지법이 무력화될 것이라고 하였다. 그 결과 지주회사는 허용되지 않았다.

1985년에 다시 지주회사 해금주장이 나왔다. 당시 과도한 엔고에 대한 대응책으로 산업재편성과 구조조정이 필요한데, 이를 위해서는 지주회사의 설립을 허용하여야 한다고 하였다. 이것을 제2차 지주회사 해금주장이라고 부르고 있다. 그러나 이 주장도 빛을 보지 못하였다.

그러다가 1990년대 초부터 일본이 경기침체에 빠지면서 기업의 구조조정이 다시 경제화두로 대두되었다. 따라서 기업구조조정을 촉진시키기 위해 지주회사 설립을 허용하자는 주장이 다시 제기되었다. 이를 일본 학자들은 제3차 지주회사 해금주장이라고 한다. 이 주장은 1997년에 와서 빛을 보게 된다. 정부는 1997년에 독점금지법을 개정하여 지주회사 설립을 부분적으로 허용하였다.

지주회사의 설립은 허용하되 경제력을 과도하게 집중시키는 지주회사는 설립하면 안 된다는 조건이 붙었다. 구체적 조건을 살펴보면, 첫째 일정 규모 이하의 지주회사, 둘째 순수분사화를 위한 지주회사, 셋째 벤처캐피털의 지주회사, 넷째 금융회사의 이업태 간 상호 진입을 위한 지주회사 등에 대해서만 지주회사 설립을 허용하였다. 이는 제한적인 지주회사 설립허용이라고 볼 수 있다.

(2) 구미 국가의 지주회사

한국과 일본 외의 구미 선진국에서는 지주회사에 대한 별도의 제한이 없다. 그러나 이 나라에서는 지주회사가 경제력확장의 수단으로 쓰이는 예는 찾기 힘들다. 주로 기업조직의 효율성이나 경영의 효율성을 위해 지주회사가 활용된다.

지주회사는 100% 자회사를 가지는 것이 일반적이다. 그리고 지주회사만 증권시장에 상장되고 자회사는 상장되지 않는다. 반면에 한국에서는 지주회사가 자회사 주식의 일부만 소유하고, 지주회사도 상장되고 자회사도 상장된다. 이것은 지주회사 운용에 대한 큰 차이라고 볼 수 있다.

지주회사가 100% 자회사를 가지면 경제력집중은 최소화될 수 있다. 자회사의 수를 확대하는 데 많은 자금이 소요되기 때문이다. 자회사는 지주회사의 한 부서나 마찬가지이다.

미국에서는 순수지주회사보다 사업지주회사가 많이 활용되고 있다. Mobil, Citicorp 등은 순수지주회사 체제로 운영되고 있지만 GE, Ford, P&G, Pepsi 등은 사업지주회사로 운영되고 있다. 〈그림 5-6〉에서와 같이 광범위하게 분산된 주주들이 사업지주회사를 소

그림 5-6 미국의 사업지주회사 모형

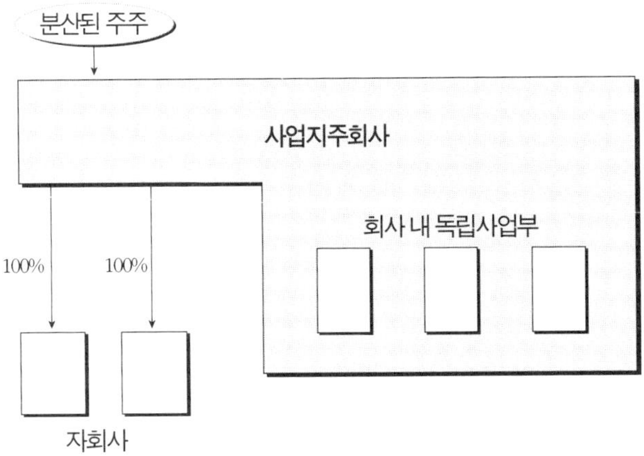

유하고, 사업지주회사는 내부에 여러 개의 독립사업부를 거느리면서 직접 영업을 할 뿐만 아니라 100% 자회사를 거느리기도 한다.

자회사에 대해 100% 지분을 확보하는 이유는 소액주주들에 의한 경영간섭의 불편을 없애기 위해서이다. 100% 지분을 확보하기 때문에 경제력확장효과는 최소화된다. 그리고 자회사에 대한 지배력도 완벽하고, 구조조정을 위한 자회사의 분리도 용이하다.

요약하면, 한국에서는 가능한 한 많은 회사를 지배하기 위한 수단으로 지주회사가 활용되는 반면, 구미 선진국에서는 기업조직의 효율화나 경영의 효율화를 위해 지주회사가 활용된다. 따라서 구미 선진국에서는 지주회사가 경제력집중의 수단이 된다고 보지 않지만, 한국에서는 지주회사가 경제력집중의 주요 수단이 될 수 있다.

4. 재벌 대안으로서의 지주회사

한국 경제에서 재벌은 끊임없는 비판의 대상이었다. 과거 고도성장기에 재벌이 이룩한 혁혁한 공로에도 불구하고 재벌은 끊임없이 비판을 받아 왔다. 말하자면, 한국에서의 재벌은 찬사와 비판을 동시에 받아 온 기업이다.

그런데 비판의 대상이 된 주된 이유는 전근대적 기업조직과 기업행태 때문이다. 주로 가족 중심의 폐쇄된 경영체제 때문에 많은 비판을 받아 왔다. 경제와 사회는 점점 선진화되어 가는데, 재벌의 조직과 운영행태는 아직 선진화된 기업으로 탈바꿈하지 못하고 있다는 것 때문에 재벌은 비판의 화살을 피해 가지 못하고 있다.

따라서 현재와 같은 재벌체제는 선진화된 새로운 형태의 기업체제로 탈바꿈하지 않으면 안 된다. 재벌을 탈바꿈시키기 위해 지금까지 정부와 학계에서 논의해 온 재벌 대안은 크게 다섯 가지 정도로 요약해 볼 수 있다.

첫째는 소유구조가 단순 투명화된 지주회사체제를 들 수 있다. 그 예로는 최근에 모습을 드러낸 LG지주회사와 GS지주회사 등을 꼽을 수 있다. 특히, 공정거래위원회는 지주회사를 재벌체제의 강력한 대안으로 보고, 가능하면 현재의 재벌들이 지주회사체제로 전환하기를 바라고 있다.

그러나 지주회사가 과연 재벌체제의 대안이 될 수 있는지는 의견일치를 보지 못하고 있다. 학자에 따라서는 지주회사체제가 오히려 재벌체제를 고착화시키는 정책이라고 보기도 한다. 현재의 재벌이 지주회사체제로 전환하면 재벌제도의 극치라고 할 수 있는 제2차 세계대전 이전의 일본식 재벌이 출현할 수 있다고 우려하는 학자들도 있다. 일본 재벌은 바로 지주회사를 중심으로 만들어진 재벌이기 때문이다. 특히, 지주회사에 대한 규제가 완화되어 재벌이 지주회사제도를 이용해 자기들의 지배영역을 대폭 확장해 나간다면 재벌에 의한 경제력집중과 폐해는 심각한 상황으로 치달을 수 있다.

둘째는 브랜드 이미지를 공유하는 느슨한 연계체계의 기업그룹을 들 수 있다. 이것은 일본의 케이레츠와 같은 기업그룹이라고 볼 수 있다. 일본의 대규모 기업집단은 사장들의 친목모임인 사장회를 기반으로 형성된 기업그룹이다. 그룹의 총수는 존재하지 않는다. 그룹 내의 회원기업은 모두 독립적 경영을 하고 있다. 비록 상호는 공통으로 사용하지만 기업경영은 독립이다. 소유고리는 서로 얽혀 있지만 그 지분은 크지 않고, 특정 개인이나 법인이 그룹을 지배할 만큼 많은 지분을 확보하고 있는 것도 아니다.

개별 기업의 사장은 소유지분이 없는 전문경영인이다. 그러면서도 기업그룹은 만들어져 있다. 예컨대, 미쓰이물산, 미쓰이건설, 미쓰이화학 등은 미쓰이라는 상호를 사용하지만 독립적인 경영을 하는 독립기업이다. 그룹을 총괄하는 구조조정본부와 같은 조직도 없다. 그야말로 느슨한 연계체계의 기업그룹일 뿐 개별 회원기업은 경영독립성을 완벽하게 유지하고 있다. 우리 나라에서도 이런 형태의 기업조직이 재벌체제의 대안으로 상정될 수 있다. 일본의 이런 기업조직은 제2차 세계대전 이전의 일본 재벌을 대체한 기업조직이다.

셋째, 독립기업으로 분리시키는 것을 들 수 있다. 이것은 재벌해체와 거의 같은 개념이다. 대우그룹이 해체된 후 대우조선, 대우건설 등이 각자 독립기업으로 회생하였다. 소유구조를 개편시켜 개별 기업별로 독립적인 기업이 되도록 하는 구상이다.

하지만 이것은 정책으로 도입하기 쉽지 않다는 한계를 가지고 있다. 대우그룹의 예처럼 불가피한 사정으로 스스로 해체되어 개별 기업이 독립기업으로 다시 태어나는 예는 특수한 경우일 뿐이다. 현재 잘 굴러 가고 있는 재벌그룹의 소유구조를 인위적으로 해체시켜 개별 기업을 독립기업으로 분리시키는 것은 자칫 기업뿐만 아니라 경제에 엄청난 충격이 되어 득보다 실이 많을 우려가 있다.

넷째, 전문업종별 소그룹으로 분화되는 것을 들 수 있다. 현대그룹이 상속과정에서 현대자동차그룹, 현대중공업그룹, 현대아산그룹으로 분리된 것은 이 예에 해당한다고 볼 수 있다. 삼성그룹도 사실은 상속과정에서 여러 개의 소그룹으로 분할되었다. 신세계그룹, 한솔그룹, CJ그룹, 중앙일보그룹 등이 모두 삼성그룹으로부터 분리된 소그룹이다. LG그룹도 지주회사를 통해 여러 개의 그룹으로 분할되었다.

삼성의 경우는 현대와 달리 모그룹이 여전히 재계 1위 그룹으로 그 규모가 월등하게 큰 반면, 분할된 소그룹은 상대적으로 규모가 작다(소그룹들도 30대 재벌에 포함됨). 그러나 현대그룹은 옛날의 재계 1위 위상과는 달리 여러 개의 소그룹으로 분할되었다. LG그룹도 옛날의 위상과는 달라졌다. 이러한 재벌분할도 재벌체제가 변화해 가는 하나의 과정이라고 볼 수 있다.

다섯째, 개별 기업단위의 독립경영체제를 들 수 있다. 현재와 같은 소유구조는 유지되지만 총수에 의한 과도한 집중경영은 배제시키는 모형이다. 예컨대, 구조조정본부 등을 해체시켜 총수에 의한 그룹총괄경영을 배제시키고, 경영에 대한 총수의 영향력을 대폭 축소시키는 접근이다.

경영투명성 확보와 책임경영체제 도입, 지배구조 개선 등은 이를 추구하는 기업정책이라고 볼 수 있다. 지배구조가 개선되어 투명경영과 책임경영이 확보되면 총수의 경영지배는 축소될 수밖에 없다. 이것은 그룹 내 개별 기업에게 경영독립성을 최대한 확보시켜 경쟁에 기초한 시장경제를 확립하자는 전략이다. 그리고 전문경영인체제를 더욱 활성화시키자는 전략이다.

지금까지 살펴본 것처럼 지주회사체제는 여러 가지 재벌 대안 중 하나로 고려될 수 있는 정책이다. 그것도 극히 제한된 형태의 지주회사체제에 의해서만 가능하다. 모든 재벌을 강제로 지주회사체제로 전환시키는 것은 재벌정책이 될 수 없다. 재벌들에게는 현재의 재벌체제보다는 나은, 더욱 선진화된 기업체제가 여러 가지 대안으로 열려져 있다. 선택은 재벌 스스로가 하는 것이다. 지주회사도 그 중 하나가 될 수 있도록 정부가 그 모형만 제시해 놓으면 충분하다.

그런데 문제는 정부가 잘못된 모형을 제시할 가능성이다. 바로 제2차 세계대전 이전의 일본 재벌이 그 예이다. 따라서 정부는 지주회사정책에 매우 신중해야 한다. 지주회사제도의 장점은 최대한 살리고 단점은 최대한 억제시킬 수 있는 지주회사의 모형을 만들어 놓고, 재벌들로 하여금 스스로 판단하여 필요한 것을 선택하도록 해야 한다. 그것을 강요하거나 규제를 풀어 재벌이 원하는 지주회사 모형을 만들어서는 안 된다.

현재 공정거래법상에 디자인되어 있는 지주회사 모형은 정부가 허용하고 있는 지주회사 모형이다. 정부는 〈그림 5-1〉의 지주회사 모형이 지주회사의 부작용을 최대한 억제시키면서 재벌체제의 대안으로 허용될 수 있는 지주회사라고 보고 있다. 그런데 이 지주회사 모형은 재벌의 요구에 의해 초기 모형이 많이 변질된 것이다. 이런 변질이 계속되면 지주회사는 한국 경제에 독약이 될 수 있다.

그런데 재벌은 현 체제의 지주회사에도 불만이 많다. 재벌은 자기들의 지배영역을 그대로 유지할 뿐만 아니라 가능한 한 앞으로 지배범위를 더욱 확장시킬 수 있는 지주회사제도를 원한다. 따라서 지주회사에 대한 현재의 규제를 더욱 완화시키라고 요구하고 있다.

재벌이 원하는 대로 제반 규제를 완화시키면 재벌들은 쉽게 지주회사체제로 전환할 수 있지만, 이런 지주회사는 재벌문제가 개선된 기업조직이 아니라 재벌문제를 더 악화시킨 기업조직이 될 수 있다. 따라서 지주회사에 대한 정부의 규제는 매우 엄격해야 한다. 재벌문제가 제거될 수 있도록 고안된 지주회사 모형을 변질시켜 나가서는 안 된다.

5. 지주회사는 효율성 제고수단으로만

기업조직으로서 지주회사는 나름대로 여러 가지 유용성을 가지고 있다. 그리고 기업의 경영효율성을 위해 잘 활용될 수도 있다. 그러나 재벌정책과 관련해서는 지주회사가 부정적 기능을 수행할 가능성이 높다. 따라서 우리 나라에서는 지주회사제도가 매우 조심스럽게 운영되어야 한다.

지주회사제도가 재벌문제의 해결수단으로 사용되기 위해서는 여러 가지 엄격한 규제가 불가피하다. 재벌문제가 존재하지 않는 구미 선진국에서는 지주회사에 대한 별도의 규제가 없는 반면, 재벌폐해가 심각하였던 일본에서는 지주회사의 설립이 금지되다가 1997년에 와서야 제한적으로 허용되었다. 재벌의 비중이 매우 높은 국가에서는 지주회사가 잘못 사용되었을 경우 국가경제에 약보다는 독이 될 우려가 더 높다. 따라서 지주회사는 엄격한 규제하에 운영되어야 한다.

우리 나라에도 이제 지주회사의 설립이 허용되어 있는 이상 이를 다시 금지시키기는 어렵다. 따라서 현 단계에서는 지주회사에 대한 규제를 엄격히 준수시키면서 순기능은 활용하고 역기능은 방지하는 것이 최선책이다.

이런 관점에서 볼 때 지주회사에 대한 규제완화는 매우 위험한 발상이다. 특히, 지주회사의 부채비율을 높여 준다든지, 자회사 소유지분 하한선을 낮춘다든지 하는 규제완화는 매우 위험한 접근이다. 이렇게 되면 한국의 재벌은 지주회사를 통해 더욱 확장되고 고착화될 가능성이 높다. 궁극적으로는 제2차 세계대전 이전의 일본 재벌처럼 흘러갈 가능성도 있다.

그러므로 지주회사에 대한 현재의 규제를 엄격히 고수하면서 가능한 한 구미형의 지주회사로 유도하는 것이 바람직하다. 구미형 지주회사의 핵심은 지주회사가 자회사에 대해 100%의 지분을 소유하면서 지주회사만 상장시키는 것이다. 이것은 지주회사와 자회사가 하나의 회사라는 개념이다. 이것이 지주회사의 기본 원칙이다.

최소한 자회사가 손자회사를 소유하는 지분이라도 100%로 제한하는 것이 필요하다. 이 지분이 낮으면 자회사가 사업지주회사로 활동하면서 가공자본을 많이 창출해 낼 수밖에 없다. 따라서 지주회사가 지배할 수 있는 범위도 커진다. 이렇게 되면 자동적으로 재벌의 영역도 커지고 경제력집중도 심화된다.

한국 경제에서는 지주회사가 지배자본 절약수단보다 구조조정 수단으로 활용되도록 유도하는 것이 가장 긴요하다. 이런 점에서 지주회사는 재벌체제의 대안으로 접근하기보다는 경영효율성 제고수단으로 접근시키는 정책을 모색해야 한다.

6

금융자본 · 산업자본의 문제

1. 금융산업의 특성과 금산분리론
2. 공정거래법상의 의결권제한제도
3. 의결권 금지의 중요 논점

6 금융자본 · 산업자본의 문제

1. 금융산업의 특성과 금산분리론
2. 공정거래법상의 의결권제한제도
3. 의결권 금지의 중요 논점

1. 금융산업의 특성과 금산분리론

금융산업은 제조업과는 그 역할과 특성이 확연히 구분된다. 제조업은 상품을 만들어 공급하는 실물사업이지만, 금융업은 상품의 공급이 원활하게 이루어질 수 있도록 해 주는 보조사업이다. 인간이 실제로 필요로 하는 것은 실물인 상품이다. 이러한 실물이 경제의 각 부문에 원활히 스며들도록 해 주는 것은 금융이다.

제조업과 금융의 관계는 인체에서 육체와 혈액의 관계나 마찬가지이다. 실물인 영양분이 몸의 각 부분으로 골고루 공급되도록 해 주는 역할을 수행하는 것이 혈액이다. 경제에서도 실물인 상품이 이를 필요로 하는 모든 인간에게 골고루 공급되도록 해 주는 역할을 수행하는 것이 금융이다.

따라서 금융업과 제조업은 서로 잘 결합되어야 튼튼한 경제활동을 만들 수 있다. 마치 육체와 혈액이 잘 조화되어야 건강한 신체가 만들어지는 것이나 마찬가지이다.

그런데 신체의 한 부분이 피를 독차지하면 건강한 몸이 유지될 수 없듯이 경제도 특정 경제주체가 금융을 독차지하면 건강한 경제가 만들어질 수 없다. 이 점 때문에 산업자본과 금융자본은 분리되어야 한다고 주장한다.

특히, 은행은 금융의 핵심이기 때문에 산업자본으로부터 분리시키는 것이 대부분의 나라에서 추구하는 정책이다. 우리 나라도 재벌로 하여금 은행을 소유하지 못하도록 하는 것은 바로 이 논리 때문이다.

금융은 경제활동에서 자원의 배분기능을 수행한다. 금융이 한쪽으로 쏠리면 자원이 그쪽으로만 배분되고 경제구조가 왜곡된다. 건전한 경제발전을 이룰 수 없고 기형적인 경제가 되기 쉽다.

따라서 금융은 산업자본으로부터 분리시키고 산업자본인 재벌은 은행을 소유하지 못하도록 하고 있다. 재벌이 은행을 소유하면 그 은행은 그 재벌의 사금고가 되어 은행 본래의 기능이 상실되고 국가의 자원배분이 왜곡될 것이라고 보기 때문이다.

그러나 재벌도 지방은행이나 비은행금융기관은 소유할 수 있다. 비은행금융기관은 보험업, 증권업, 카드업 등이 대표적이다. 삼성그룹은 삼성생명보험, 삼성화재해상보험, 삼성카드, 삼성증권 등과 같은 비은행금융기관을 소유하고 있다. SK그룹도 SK생명보험, SK증권, SK캐피탈 등 금융회사를 소유하고 있다.

보험회사나 증권회사 같은 비은행금융기관도 은행과는 차이가 있을지라도 금융업으로서의 자원배분기능은 수행한다. 금융업의 자원배분기능은 돈의 흐름을 조정하는 기능이다. 규모가 큰 보험회사와 증권회사는 대량으로 자금을 운용하기 때문에 돈의 흐름에 크게 영향을 미친다.

비은행기관이라고 할지라도 대규모의 보험회사 · 카드회사 · 증권회사 등이 재벌에 의해 소유되면 자금흐름이 재벌에 의해 영향을 받을 것은 자명하다. 따라서 가능한 한 비은행금융기관도 재벌로부터 분리시키는 것은 어느 정도 타당성이 인정되는 것이다.

재벌은 금융재벌과 산업재벌로 구분할 수 있는데, 우리 나라의 대재벌은 거의 모두 산업재벌이다. 대부분의 대규모 금융그룹은 소유와 경영이 분리되어 있기 때문에 재벌이라고 볼 수 없다. 따라서 금산분리는 재벌로부터 금융업을 분리시키는 것을 의미한다.

분리시키는 구체적 방법은 여러 가지가 있을 수 있다. 극단적으로는 소유 자체를 금지시키는 것이고, 그 다음 단계로는 재벌소유의 금융기관에 강력한 규제를 가하는 것이라고 볼 수 있다. 우리 나라에서는 산업자본을 대표하는 재벌들로 하여금 은행은 소유하지 못하게 하고, 비은행금융기관은 소유는 하되 소유에서 오는 역기능을 방지하기 위해 의결권 제한과 같은 강한 규제를 두고 있다.

그리고 금융전업그룹은 산업자본을 소유하지 못한다. 금융지주회사와 일반지주회사를 엄격히 분리시키는 것이 여기에 해당한다. 금융회사를 계열사로 거느리는 금융지주회사는 비금융계열사를 자회사로 거느릴 수 없다. 마찬가지로 일반사업회사를 계열사로 거느리는 일반지주회사는 금융회사를 자회사로 거느릴 수 없다. 이것은 금융자본과 산업자본을 분리시키려는 정책이다.

2. 공정거래법상의 의결권제한제도

공정거래법은 제11조에서 대규모 기업집단(상호출자제한 기업집단)의 금융계열회사(금융업 또는 보험업을 영위하는 계열회사)는 자기가 소유하고 있는 국내의 비금융계열회사에 대해 의결권을 행사할 수 없다고 규정하고 있다. 이러한 의결권 제한의 근본취지는 금산분리원칙이다. 여기서의 금산분리는 재벌들이 금융계열사의 돈으로 비금융계열사를 확장해 나가지 못하도록 하는 것이다.

금융회사나 보험회사의 자금은 그 회사 고객의 돈이다. 수익증대를 위해 고객들이 맡겨 둔 돈이지 그 회사 주주의 돈은 아니다. 이 돈은 고객의 수익증대를 위해 타회사에 출자할 수는 있지만 재벌 총수로 하여금 타회사를 지배하기 위해 타회사에 출자하는 것은 금지시키겠다는 것이 의결권 제한의 기본 취지이다. 재벌의 총수가 고객의 돈으로 계열사를 확장하는 것은 허용하지 않겠다는 것이다.

재벌이 출자의 총액을 제한하는 대상으로 지정되면 계열사는 타회사에 출자하는 데 한계가 있다. 그러나 금융계열사는 출자제한을 받지 않는다. 고객의 수익증대를 위해 필요하다면 언제든지 타회사에 출자하는 것이 허용된다. 그러나 계열확장이나 지배력확장으로 사용되는 것은 허용하지 않는다. 이를 위한 것이 바로 의결권 제한이다. 타회사 출자는 허용하되 타회사 지배는 허용하지 않는다는 것이다.

재벌 총수가 고객이 맡긴 돈으로 자기의 지배영역을 확장하는 데 사용하는 것은 이론적으로도 타당성이 없다. 고객의 돈은 금융사의 본래 취지대로 수익증대를 위해서만 출자되어야지 총수의 지배력이나 지배영역을 확장하기 위해서는 사용되지 말아야 한다. 그러므로 출자에는 제한을 가하지 않지만 출자한 자금의 의결권은 금지시킨다.

그런데 재벌계열사의 경영권을 안정화시켜 주어야 한다는 명목하에 금융계열사 지분에 대해서도 특정 분야의 의결권에 대해서는 피소유회사 발행주식수의 15%까지 의결권을 허용하고 있다. 이 경우 금융계열사일지라도 그 그룹의 특수관계인이 가진 지분을 합해 15%까지는 의결권을 행사할 수 있다.

15%까지 의결권을 행사할 수 있는 주총사항은 임원의 선임 또는 해임, 정관변경, 다른 회사로의 합병 등 경영권과 직접 관련이 있는 사항이다. 예컨대, 삼성생명이 삼성전자에 출자하고 있으면 삼성생명과 그룹의 특수관계인은 삼성전자 주식 총수의 15%까지 위 의결사항에 대해 의결권을 행사할 수 있다.

1987년 의결권 금지가 처음 도입되었을 때는 이러한 예외항목이 없었는데, 개정과정에서 재벌의 요구에 의해 첨가되었다. 이는 적대적 M&A로부터 재벌계열사를 보호하기 위해서라고 하지만 금산분리원칙에 어긋난다.

금융산업구조 개선에 관한 법률(금산법)도 금산분리를 대원칙으로 하고 있다. 1997년에 제정된 이 법은 재벌 내의 금융회사가 비금융계열사의 지분을 5% 이상 취득할 경우에는 금융당국으로부터 사전승인을 받도록 요구하고 있다(제24조).

그런데 삼성이 이 규정에 위반되어 한때 많은 논란이 있었다. 삼성생명이 삼성전자 지분을 7.2%, 에버랜드 지분을 25.6% 소유하고 있는데, 이것은 금산법 제24조와 배치되고 있다.

삼성생명은 이 지분을 금산법이 제정된 1997년 이전에 이미 소유하고 있었다. 따라서 금산법으로 이 지분을 제재하는 것은 소급입법에 해당한다는 역공에 부딪혔다. 이 논쟁이 어떻게 귀결되든지 금융을 산업자본으로부터 분리시켜야 한다는 명제는 대세라고 볼 수 있다.

3. 의결권 금지의 중요 논점

금융계열사의 의결권 제한은 금융자본과 산업자본은 분리되어야 한다는 논리와 금융회사의 자금은 고객의 돈이기 때문에 수익을 위해서만 출자되어야지 총수의 지배권 확장에 이용되어서는 안 된다는 논리에 기초하고 있다. 그런데 공정거래법에서 정하고 있는 15% 의결권 규제는 이 두 가지 논리를 충실히 실행시키기도 어려울 뿐만 아니라 오히려 해당 기업의 경영권 확보에 예기치 않는 어려움을 제공하는 부작용을 낳기도 한다.

우선 금융계열사에게 15%까지 의결권을 허용하기 때문에 금융과 산업을 분리시키려는 효과가 그만큼 약화될 뿐만 아니라 이 지분만큼은 총수의 지배권 확보에 이용될 수도 있다. 따라서 의결권 금지의 정책취지는 그만큼 퇴색될 수밖에 없다. 거기다가 15%는 총량규제이기 때문에 재벌회사들의 경영권 확보를 방해하는 역효과를 가져올 수도 있다.

예컨대, 삼성전자는 삼성생명이 7.3%, 삼성물산이 4%, 총수의 친인척이 3.3%, 임직원이 0.2% 등 내부지분이 16.1%이다. 그런데 공정거래법에 의하면 금융계열사가 삼성전자 주식을 소유하고 있기 때문에 내부지분의 의결권 행사는 총량으로 15%까지만 가능하다. 다시 말해, 외부로부터 경영권 공격을 받았을 경우, 이를 방어하기 위해 총수나 삼성물산이 주식을 더 확보해도 의결권 행사는 여전히 15%까지만 가능하다. 금융계열사가 주식을 소유하고 있기 때문이다.

삼성전자는 자사주를 11.6% 소유하고 있는데, 자사주로는 의결권이 없기 때문에 직접 경영권 방어에 사용할 수는 없고 삼성중공업 등 타계열사에 매각해 의결권을 복원시킬 수는 있다. 그런데 금융계열사가 삼성전자 주식을 소유하는 한 내부지분의 의결권은 15%만 가능하기 때문에 자사주의 의결권을 복원시켜도 의결권 총량은 여전히 15%로 묶여 경영권 방어에 한계가 있을 수 있다.

재벌들은 의결권 금지에 저항하다가 오히려 다른 덫에 걸린 아이러니가 되었다. 금융계열사의 의결권을 허용해 달라는 재벌들의 강력한 요구로 공정거래법이 개정되어 처음에는 30%까지 의결권이 허용되었으나 그 폐해가 너무 커서 15%로 축소시키자 재벌들은 이 때문에 오히려 경영권 방어가 더 어렵게 되는 함정에 빠졌다.

만약 공정거래법에 재벌정책이 처음 도입되었던 1987년의 규정대로 금융계열사의 의결권을 모두 금지시켜 놓았다면 재벌들은 오히려 내부지분을 경영권 방어에 더 잘 활용할 수 있다는 역설이 성립된다. 삼성생명(7.3%)과 삼성화재(1.3%)의 8.6%는 의결권 행사를 포기하더라도 15% 총량규제가 없기 때문에 자사주 11.6%의 의결권을 복원시킬 수 있다.

만약 삼성중공업이 이 자사주 11.6%를 인수받으면, 삼성물산 4%, 총수의 친인척 3.3%, 임직원 0.2%를 모두 합해 의결권을 행사할 수 있는 내부지분율은 19.1%가 된다. 금융계열사가 소유한 의결권을 포기하는 대신 15%가 넘는 의결권을 확보할 수 있다. 여기에 총수와 친인척이 경영권 방어를 위해 주식을 사 모으면 내부지분율은 더 증가할 수도 있다.

1987년부터 금융계열사의 의결권이 금지되자 삼성은 여기에 맞추어 경영권을 안정화시킬 수 있는 내부지분구조를 만들어 왔다. 그러다가 30%까지 의결권 행사가 가능하도록 법이 개정되자 금융계열사를 이용하여 경영권을 보호하는 전략으로 나아갔다. 그런데 의결권 행사 상한선을 15%로 축소시키자 오히려 금융계열사 지분이 경영권 방어를 방해하는 결과가 초래되었다.

본래대로 일관성 있게 금융계열사의 의결권이 금지되었다면 이런 혼란은 없었을 것이다. 따라서 공정거래법은 무원칙하게 바꾸어서는 안 된다. 공정거래법이야말로 일관성이 요구되는 법이다.

이와 같이 공정거래법은 본래 규정대로 금융계열사의 의결권을 아예 금지하는 것이 금산분리의 논리에도 충실하고 경영권 보호에도 오히려 더 유리해질 수 있다. 비금융계열사를 통해 경영권을 보호하려는 재벌의 전략은 제한 없이 유효하기 때문이다.

7

경영권: 안정이냐 세습이냐

1. 경영권 안정의 개념
2. 경영권 안정화의 수단
3. 경영권의 세습

경영권: 안정이냐 세습이냐

1. 경영권 안정의 개념
2. 경영권 안정화의 수단
3. 경영권의 세습

1. 경영권 안정의 개념

재벌은 경영권의 유지와 세습에 매우 많은 관심과 집착을 가지고 있다. 경영권은 기업을 총괄 관리하는 힘이다.

기업을 총괄 관리하는 과정은 소유(ownership), 지배(control), 경영(management)으로 나누어 설명할 수 있다. 소유는 주식소유 지분을 의미하고, 지배는 주주총회를 장악하여 원하는 대로 회사 임원을 선임하는 것을 의미하고, 경영은 기업운영의 일상사를 처리하는 것을 의미한다.

그런데 이 세 과정은 서로 연관되어 있다. 소유지분이 많아야 주주총회를 지배하면서 자기가 원하는 사람을 임원으로 선임할 수 있고, 자기 사람을 임원으로 선임해야 기업을 자기 의도대로 운영할 수 있다.

주식회사는 이런 과정을 통해 회사의 경영권이 행사된다. 그런데 이러한 경영권 행사의 과정에서 소유, 지배, 경영이 어떤 형태로 연결되고 작동되는지에 따라 경영권 행사의 모습은 여러 가지 유형으로 나누어질 수 있다.

첫째는 한 사람이 소유, 지배, 경영을 모두 장악하는 실질적 소유자지배모형을 들 수 있다. 최대주주가 50% 이상의 주식지분을 직접 소유하거나 동원하면서 주주총회에서 자기 자신을 대표이사로 선임하여 직접 경영권을 행사하는 경우이다. 이 경우는 소유자와 경영자가 일치하면서 소유자가 직접 최고경영권을 행사하는 완벽한 소유자지배모형이다.

둘째는 어느 누구도 절대적 수준의 주식지분을 확보하지 못해 소유와 경영이 분리되는 실질적 경영자지배모형이다. 구미 선진국의 대기업에서 주로 정착되어 있는 지배구조이다. 주식이 광범위하게 분산소유되어 있어서 어느 개인도 주주총회를 장악할 수 없다. 소유를 통한 지배는 불가능하고 능력을 통한 지배만 가능하다. 경영능력을 인정받은 전문경영자가 다수의 소액주주들로부터 의결권을 위임받아 주주총회를 장악하면서 경영권을 행사한다.

셋째는 형식적 경영자지배모형이다. 절대적 수준의 주식지분을 확보한 개인 대주주가 존재하면서 실질적으로 주주총회를 장악하지만 자기 스스로가 최고경영자로 직접 나서는 것은 아니고, 제3자를 대표이사로 선임하여 최고경영권을 위임하는 모형이다. 재벌기업에서는 최대주주가 재벌 총수이지만 각 회사의 대표이사는 제3의 인물이 맡으면서 형식적으로 최고경영권을 행사한다. 실질적으로는 대주주인 총수가 배후에서 최고경영권을 행사하고, 대표이사는 총수로부터 위임받은 사항에 한해 제한된 범위에서만 경영권을 행사한다.

우리 나라 재벌의 경영권은 세 번째 모형인데, 최근에는 정부의 책임경영정책에 의해 그룹 내 중핵기업에 대해서는 총수가 직접 대표이사직을 맡고 있기도 하다. 그러나 50~60개의 계열사를 거느리는 재벌의 총수가 모든 계열사에 대해 대표이사를 맡기는 어렵기 때문에, 대부분의 계열사는 제3자를 대표이사로 선임하는 형식적 경영자지배모형을 사용하고 있다.

미국과 서구 선진국에도 이런 형태의 경영권 모형이 존재하지만 실질적 내용에서는 한국과 많은 차이가 있다. 이런 나라에서는 제3자를 대표이사로 선임하면 그 이후로는 이들에게 최고경영권이 완벽히 위임된다. 따라서 선진국의 경우는 형식적 경영자지배모형도 실질적 경영자지배모형과 거의 차이가 없다.

반면에 우리 나라 재벌은 실질적 소유자지배모형이면서 모양새만 형식적 경영자지배모형이다. 제3자가 대표이사로 선임되지만 실질적 최고경영자는 소유자인 총수이다.

어떤 형태의 경영권 모형이든 경영권에는 주체세력이 존재한다. 대주주가 존재하는 실질적 소유자지배모형과 형식적 경영자지배모형에서는 대주주가 경영권의 주체세력이다. 소유와 경영이 분리된 실질적 경영자지배모형에서는 대표이사의 경영능력을 신임하면서 의결권을 위임해 주는 주요 주주들이 경영권의 주체세력이다.

대주주가 경영권의 주체세력일 때는 대주주가 절대다수의 최대지분을 확보하고 있는 한 경영권은 안정된다. 반면에 소유와 경영이 분리된 실질적 경영자지배모형에서는 경영능력을 계속 신임받아야 경영권이 안정된다. 그래야 주주들이 계속 경영권을 위임한다. 이와 같이 경영권 안정이란 경영권의 주체세력에게 연속성이 유지되는 것을 말한다.

그런데 우리 나라 재벌은 무조건 총수의 경영권이 확고하게 보장되고 유지되는 것을 경영권 안정이라고 한다. 말하자면, 경영권 안정은 총수의 경영권 안정을 의미한다.

소유자지배모형(형식적 경영자지배모형 포함)에서는 최대주주의 지분이 낮아지면 경영권이 흔들릴 수 있고, 실질적 경영자지배모형에서는 전문경영인의 경영능력이 의심받으면 경영권이 흔들릴 수 있다. 경영권에 대한 도전세력이 나타나 경영권의 기존 주체세력을 대체하려고 한다. 이런 현상이 없는 것을 경영권 안정이라고 하고, 이런 현상이 나타날 때 경영권이 불안정하다고 한다.

재벌에서는 대주주인 총수가 절대다수의 의결권 지분을 직접 또는 간접으로 소유해야 경영권의 주체세력이 그대로 유지되면서 경영권이 안정된다. 최근 SK그룹에 대한 소버린의 경영권 도전은 소버린이 상당 지분을 확보하여 경영권 주체세력으로 나서려는 시도였다. 이런 상황을 경영권이 불안정하다라고 한다. 소유와 경영이 분리된 실질적 경영자지배 기업에서는 최고경영자의 경영능력으로 경영권 안정화를 추구하는 데 반해 한국 재벌과 같은 소유자지배모형에서는 직접 또는 간접으로 개인이 절대다수 지분을 확보하여 경영권 안정화를 구축하려고 한다.

소유자지배모형에서도 경영자지배 기업과 마찬가지로 최고경영자가 경영능력을 인정받으면 경영권은 안정화된다. 소유지분만으로도 경영권을 안정시킬 수 있지만 경영능력까지 우수하면 금상첨화이다.

재벌은 경영능력과 상관없이 항구적으로 경영권이 안정화되기를 원한다. 그것은 절대다수의 주식지분을 확보하는 길밖에 없다.

그러나 주식소유도 경영권을 항구적으로 안정화시킬 수는 없다. 절대다수의 주식지분을 확보하고 있을지라도 경영을 잘 못해 회사가 부실해지면 그 경영권은 유지될 수 없다. 회사가 망하는 데 경영권이 무슨 소용이 있겠는가.

경영권을 안정화시킬 수 있는 최선의 방책은 경영능력이다. 경영만 잘하면 경영권의 주체세력은 언제나 그대로 존속된다. 경영능력만이 경영권을 항구적으로 보장해 주는 최선의 수단이다.

2. 경영권 안정화의 수단

어떤 기업에게나 경영권의 주체세력이 존재한다. 이미 설명되었듯이 대주주를 중심으로 한 우호지분이나, 전문경영인을 중심으로 한 위임지분이 경영권의 주체세력이다.

이 주체세력이 비자발적으로 쉽게 바뀔 수 있는 상황을 경영권의 불안정이라고 볼 수 있다. 말하자면, 경영의 주체세력이 적대적 M&A 세력에 의해 쉽게 패퇴할 수 있는 상황을 경영권의 불안정이라고 말한다.

경영권이 쉽게 휘둘리는 것은 기업에게 이로울 리 없다. 경영권이 불안정하면 기존의 경영권자가 경영에 전념하기보다 경영권을 방어하는 데 기업에너지를 빼앗기기 때문에 기업은 더욱더 부실해질 수 있다.

그렇다고 경영권이 기존의 경영권자에게 고정되어 있는 것도 결코 기업에게 유리할 수 없으며, 국가경제에는 오히려 해가 될 수도 있다. 예컨대, 최대주주가 직접 50% 이상의 주식지분을 소유하고 있으면 자발적으로 매각하지 않는 한 경영권은 지킬 수 있다. 또는 기존 경영권자가 허락하지 않는 한 경영권이 넘어갈 수 없는 법적 장치가 마련되어 있어도 경영권은 항구적으로 안정화된다. 이 때는 회사가 망할 경우에만 경영권이 넘어간다. 망하는 상황이 되면 대주주는 어쩔 수 없이 자기 지분을 포기하고 경영권은 넘어간다. 그런데 망할 때까지 경영권이 보장되면 기업들은 경영성과를 높이는 일을 게을리할 가능성이 있다.

경영권 안정의 최고 비책은 회사를 잘 경영해 수익성을 높이고 주가를 상승시켜 주주들로부터 신뢰를 받는 것이다. 이 방법 이외의 수단으로 경영권이 항구적으로 보장된다면 경영자는 이런 노력을 게을리할 것이 틀림없다. 이것은 기업 스스로에게도 이롭지 못하고 국가경제에도 이롭지 못하다.

어떤 장치에 의해서든 경영권이 과도하게 보장되고 있으면 최고 경영자는 회사경영에 소홀할 수밖에 없다. 그리고 경영권 시장도 성립할 수 없다.

경영권도 하나의 상품처럼 시장에서 거래되는 것이 자본주의 시장경제의 기본 원리인데, 특정인에게 경영권이 과도하게 안정적으로 보장되어 있으면 이 경영권은 이 사람보다 더 잘 경영할 수 있는 사람에게로 매매될 수 있는 길이 막힌다. 이것은 국가경제 전체를 비효율적으로 이끄는 길이다.

이와 같이 경영권은 너무 불안정해도 문제이고, 너무 안정되어 있어도 문제이다. 특히, 제도적 수단에 의해 과도하게 안정되어 있는 것은 시장경제를 부정하는 길이 된다.

경영권은 경영실적에 의해 안정화되는 것이 최선이다. 그리고 경영권 안정의 제도적 장치는 과도한 불안정만을 막는 적절한 선이어야 한다.

최근 재벌은 경영권 안정의 수단이 매우 부족하다고 주장한다. 그리고 경영권 안정의 장치를 더욱 강화해달라고 요구한다. 특히, 외환위기 이후 자본시장 개방으로 외국의 투기자본이 자유롭게 유입되어 한국 자본시장에서 재벌들의 경영권을 넘보는 일이 일어나자 재벌들은 경영권 안정화에 매우 민감해지고 있다.

자본시장 개방 이전에는 국내에서 재벌의 경영권을 넘볼 수 있는 자본이 거의 없었다. 국내의 경영권 시장이래야 기껏 재벌이 비재벌기업을 인수하는 정도였다. 재벌은 자기들의 경영권을 넘볼 수 있는 국내자본이 없어 경영권을 걱정할 필요가 없었다.

그러다가 자본개방으로 재벌의 경영권을 위협하는 외국자본이 출현하였다. 재벌은 아연실색하지 않을 수 없었다. 따라서 재벌들은 경영권을 보장해 줄 수 있는 제도적 장치를 마련해 달라고 요구하고 있다. 거기다가 그 경영권을 안정적으로 세습까지 시켜달라고 요구하고 있다.

그러나 현재에도 재벌에게는 경영권을 안정적으로 유지시킬 수 있는 여러 가지 수단들이 법적으로 마련되어 있고, 이들이 실제로 많이 활용되고 있다. 그 대표적 수단 중의 하나가 계열회사 출자이다. 거의 대부분의 재벌이 총수 개인이나 그 가족의 직접지분은 5% 내외이면서 계열회사로 하여금 40% 이상까지 출자하도록 하여 모든 계열사에 대해 과반수의 의결권을 실질적으로 장악하고 있다.

말하자면, 재벌 총수는 자기 돈이 아닌 회사 돈으로 자기의 경영권을 지킬 수 있는 장치가 허용되어 있고 활용되고 있다. 계열사 지분은 총수 개인 돈이 아니고 회사 돈이다. 또는 가공자본이다. 총수들은 회사 돈이나 가공자본으로 그룹 전체의 경영권을 안정적으로 확보하고 있는 것이다.

특히, 〈그림 7-1〉과 〈그림 7-2〉에서와 같은 환상형 순환출자는 총수의 경영권을 보장해 주는 매우 강력한 수단이 되고 있다. 환상형 순환출자는 동그라미식 순환출자인데, 〈그림 7-1〉에서 삼성전

그림 7-1 삼성의 순환출자

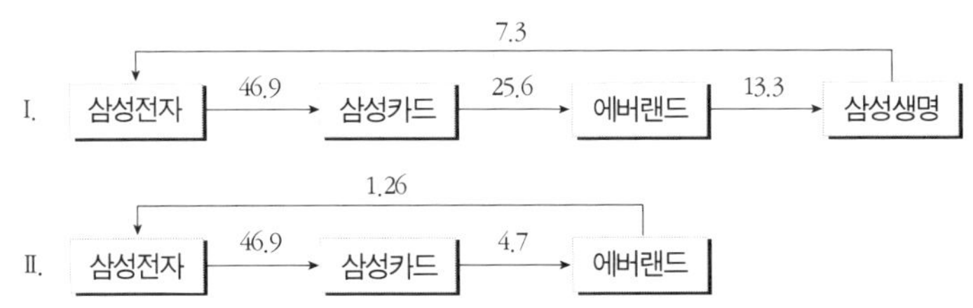

자는 삼성카드 주식을 소유하고, 삼성카드는 에버랜드 주식을 소유한다. 에버랜드는 되돌아가서 삼성전자 주식을 소유하거나, 삼성생명을 거쳐 다시 삼성전자 주식을 소유한다.

여기서 삼성전자가 삼성카드 주식을 소유하고, 삼성카드가 다시 삼성전자 주식을 소유하면 두 기업은 직접 상호출자를 하는 것인데, 이것은 공정거래법이 금지하고 있다. 따라서 그 사이에 하나 이상의 기업을 끼워 넣어 동그라미식 순환출자를 한다. 이러한 환상형 순환출자는 순환고리에 있는 각 기업에 대해 총수가 안정적으로 경영권을 확보할 수 있는 매우 강력한 수단이 된다.

이 순환고리에서 총수는 어느 한 기업의 최대주주만 되어도 순환고리상의 모든 기업에 대한 경영권을 안정적으로 확보할 수 있다. 삼성그룹의 경우는 총수가 에버랜드에 대해 절대적 대주주 지분을 확보하면서 순환고리상에 있는 모든 기업의 경영권을 안정적으로 확보한다. 에버랜드를 직접 소유함으로써 〈그림 7-1〉에 나타난 순환고리상의 계열사 지분은 간접적으로 총수가 모두 장악할 수 있기 때문이다.

〈그림 7-2〉의 현대자동차그룹도 마찬가지이다. 이 경우는 더욱

그림 7-2 현대자동차의 순환출자

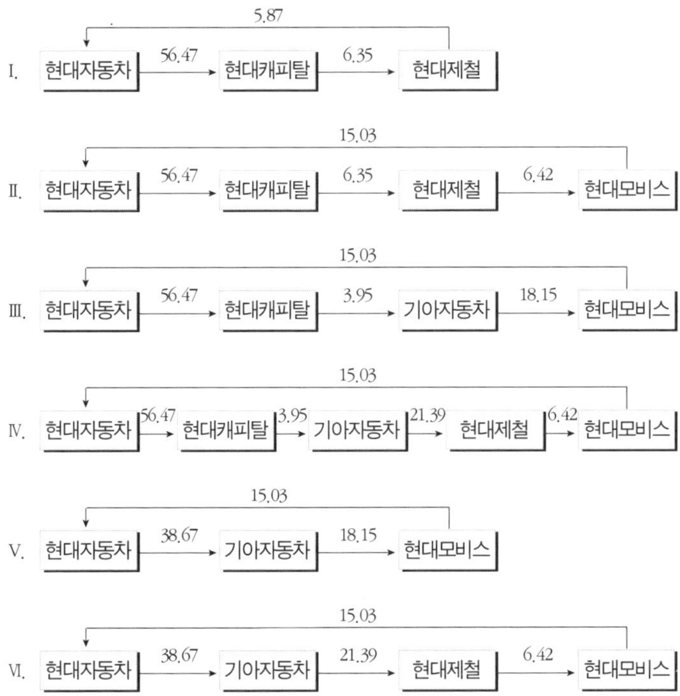

더 많은 환상형 순환출자가 서로 얽혀서 총수의 경영권을 안정화시키고 있다. 〈그림 7-2〉의 순환고리에서는 총수가 현대모비스의 최대주주만 되면 모든 계열사의 경영권을 안정적으로 확보할 수 있다. 또 현대자동차, 기아자동차 등 중요 기업 중 하나에 대해 최대주주 위치를 확보해도 마찬가지 효과를 거둘 수 있다.

이와 같이 환상형 순환출자는 모든 계열사에 대해 총수의 경영권을 안정화시키는 매우 강력한 수단이 된다. 외국자본이 단독으로 이런 환상형 순환출자를 깨면서 경영권을 공격하기 위해서는 많은 자금이 소요된다. 중핵기업에 대해 총수의 지분 이상을 확보해야만 하는데, 이것은 결코 쉬운 일이 아니다. 총수의 양해 없이는 거의 불가능한 일이다.

재벌그룹은 비록 환상형까지는 아닐지라도 직선형의 또 다른 형태의 계열사 출자도 많이 만들어 놓고 있다. 환상형 순환출자와 직선형 계열사 출자가 복잡하게 합해져서 총수의 경영권이 안정화되고 있다. 이러한 출자구조로 볼 때 회사가 망하는 상황이 발생하지 않는 한 적대적 M&A가 이루어지기는 매우 어렵다.

이런 현상은 일본도 마찬가지이다. 그러나 일본은 총수의 경영권을 안정화시키는 것이 아니라 기업의 경영권을 안정화시키는 제도를 운영하고 있다. 일본의 대기업들에게는 기업그룹은 만들어져 있어도 그룹의 총수는 존재하지 않기 때문이다.

그렇지만 기업그룹 내의 계열사끼리는 〈그림 7-1〉이나 〈그림 7-2〉와 같은 환상형 순환출자가 우리 나라 재벌보다 더 복잡하게 형성되어 있다. 그뿐만 아니라 일본에서는 소유고리에 은행까지 가담하고 있고, 두 기업 간에 직접 상호출자가 가능하기 때문에 계열사 간의 소유고리는 우리 재벌보다 훨씬 더 거대하고 복잡하다. 거기다가 타그룹의 계열사까지도 이 소유고리에 참여하고 있다. 그러므로 외국자본이나 제3자가 일본의 대기업에 대해 적대적 M&A를 실행하기는 매우 어렵다.

하지만 일본의 기업그룹에서는 개인 대주주가 존재하지 않기 때문에 경영권의 주체는 개인이 아니라 법인이다. 우호적 법인주주집단이 경영권의 주체이고, 이들로부터 신뢰를 받는 개인 최고경영자가 실질적 경영권을 행사한다. 우호적 법인주주집단으로부터 경영능력을 인정받지 못하면 이 경영자는 퇴출되고 또 다른 전문경영인이 그 뒤를 잇는다. 일본의 90% 이상의 대기업들이 이런 구조로 되어 있다.

그러므로 일본에서는 최고경영자는 바뀔 수 있어도 경영권은 안정화된다. 우호적 법인주주집단이 그대로 유지되는 한 최고경영자는 바뀌어도 기업의 경영권은 안정화된다.

일본의 이러한 시스템을 이른바 법인자본주의라고 하는데, 일본의 독특한 기업문화와 기업전통에서 만들어진 것이라고 볼 수 있다. 일본에서 재벌이 해체된 후 자본시장이 개방되면서 대기업들의 경영권 안정을 도모하기 위해 만들어진 일본 특유의 기업제도라고 볼 수 있다. 이로 인해 일본에서는 경영권 시장과 전문경영인 시장이 작동하면서도 기업의 경영권은 안정화되고 있다.

한국은 일본과는 현격한 차이가 있다. 일본에서는 기업의 경영권 안정화가 이슈인 반면, 우리 나라는 총수라는 개인의 경영권 안정화가 이슈이다.

기업의 경영권이 안정화되는 것은 매우 중요하지만 개인의 경영권을 제도적으로 과도하게 보호하는 것은 시장의 기능을 저해하고 기업경쟁력을 약화시키는 길이다. 그리고 경제를 멍들게 하는 길이다.

총수 개인의 경영권을 특별히 과도하게 보호해야 할 이유는 없다. 경영권은 경영능력과 경영실적으로 안정화시키는 것이 가장 이상적이다.

3. 경영권의 세습

재벌은 경영권을 세습시킬 수 있을 정도로 경영권의 안정을 보장해 달라고 요구하고 있다. 경영권 안정이 어느 수준까지 보장되어야 타당한지는 이론적으로나 현실적으로 그 답을 찾기 어렵다. 그러나 세습이 가능할 정도로 안정성이 보장되어야 하는지에 대해서는 대부분 의문을 제기할 것이다.

많은 재벌이 기업을 잘못 경영하여 경영권을 잃었다. 그런데 재벌은 도산할 지경에 이르러 다른 선택이 없을 때 경영권을 내놓았다. 이를 우리는 재벌이 망했다고 표현하기도 한다.

이와 같이 재벌은 망할 때까지 경영권을 보장받아 왔다. 기업이 부실해져 총수가 더 이상 그 기업을 유지할 수 없을 지경이 아니고는 총수에게 확실하게 경영권이 보장되었고, 또 세습까지 이루어져 왔다.

망할 때까지 경영권이 보장되는 과도한 경영권 보호로 인해 국가는 엄청난 부담을 떠안았다. 외환위기 이후 도산에 이른 재벌기업들이 워크아웃이나 화의과정에서 엄청난 규모의 공적 자금을 들이마셨고 그 부담은 모두 국가와 국민에게로 돌아갔다.

만약 경영권이 그렇게까지 확실하게 보장되지 않았더라면, 부실징후의 초기에 적대적 M&A 등으로 경영권이 제3자에게 넘어감으로써 기업이 조기에 정상화되었을 것이다. 그리고 기업을 회생시키기 위한 국가적 비용도 그만큼 줄어들었을 것이다.

구미 선진국의 경영권 시장에서는 다음과 같은 메커니즘이 작동한다. ① 경영부실의 초기에 그 징후가 시장에 나타나 기업사냥꾼의 표적이 된다. ② 더 잘 경영할 수 있는 제3자에게로 경영권이 넘어간다. ③ 제3의 경영자에 의해 구조조정을 거쳐 그 기업은 다시 살아나 정상화된다.

차등의결권제나 황금주 등을 도입해 세습까지 보장될 수 있도록 경영권을 안정화시켜 놓는다면 경영권 시장은 아예 작동하지 않을 것이다. 이것은 재벌들이 금과옥조처럼 여기는 시장경제를 부정하는 것이다. 상속세까지 낮추어 경영권 세습을 완벽하게 보장해 준다면 이런 현상은 더 심화될 것이다.

재벌은 비재벌의 경영권을 쉽게 공격할 수 있었다. 그리고 많은 비재벌기업을 흡수합병하기도 하였다. 그러나 대재벌의 경영권을 공격할 수 있는 자본은 국내에 그리 많지 않았다. 아예 존재하지 않았다. 대재벌은 망할 정도로 부실화되지 않는 한 경영권을 보장받았다. 이른바 대마불사론은 이를 의미하는 것이다.

자본개방이 이루어진 후에야 대재벌도 경영권 도전을 받았다. 특히, 부실화의 초기에 경영권 공격을 받는 현상이 나타났다. 이것은 기업을 더 튼튼하게 만드는 윤활유 역할이 될 수 있다. 잘 경영되고 있는 기업은 외국자본이 쉽게 경영권을 탈취할 수 없다. 기존의 우호지분들이 지켜 주기 때문이다. 거기다가 대량의 계열사 지분으로 확실하게 경영권을 보장받고 있다.

외국자본으로부터 경영권을 보호해야 한다는 구실로 더 많은 보호장치를 요구하는 것은 일종의 기만행위이다. 거기다가 경영권 세습까지 보장해 달라는 요구는 시장경제 자체를 아예 부정하는 논리이다.

최근 재벌들은 차등의결권제도나 상속세의 완화로 경영권 세습이 용이하도록 해달라고 요구하고 있다. 경영권 안정화를 경영권의 세습도 포함시키는 개념으로까지 확대시키고 있다. 이것은 퇴행적인 행위라고 하지 않을 수 없다.

경영권의 세습은 전근대적 현상이다. 특히, 주식이 분산되어 있는 대규모 기업에서 경영권을 세습시키려는 것은 주식회사의 원리와 시장경제의 원리에 정면으로 배치되는 행위이다.

경영권은 경영능력에 의해 이전하는 것이 원칙이며, 시장경제의 원리이다. 경영능력을 검증받은 전문경영인이 최고경영권을 이전받는 것은 구미 선진국의 대기업에서 오래전부터 정착되어 온 전통이고 시장원리이다.

경영권의 세습은 경영권 안정과도 관계없을 뿐만 아니라 논리적으로도 인정받기 어렵다. 세습은 봉건주의 개념이다. 특히, 제도를 통해 세습을 보장받는다는 것은 어리석기까지 한 생각이다.

세습이 경영권 시장의 성립을 막아서는 안 된다. 정상적인 경영이 방해받는 선이 아닌 한 경영권 시장은 열려 있어야 한다.

외국자본과 국내자본을 구분할 필요도 없다. 외국의 단기투기자본에 대해서는 자본시장의 장치로 그 횡포를 방지하면 족하다. 투기자본은 투기자본 대책으로 다스려야지, 이 때문에 경영권 정책을 건드리는 것은 잘못된 접근이다. 경영권을 과도하게 보호하는 제도적 장치는 오히려 기업의 경쟁력을 약화시킬 수 있다. 기업은 경영권 경쟁을 통해 건강하게 성장해 가는 것이다.

8

계열확장과 계열분리

1. 재벌은 집단성이 문제의 출발점
2. 기업결합
3. 재벌분할
4. 계열분리제도
5. 계열분리와 경쟁촉진
6. 계열분리와 경제력집중 완화

8

계열확장과 계열분리

1. 재벌은 집단성이 문제의 출발점
2. 기업결합
3. 재벌분할
4. 계열분리제도
5. 계열분리와 경쟁촉진
6. 계열분리와 경제력집중 완화

1. 재벌은 집단성이 문제의 출발점

이미 제2장에서 논의되었듯이 재벌에는 세 가지 특성이 동시에 내재한다. 집단성, 규모성, 가족성이 그것이다. 집단성은 여러 기업들의 집합체라는 점이다. 규모성은 국민경제에서 차지하는 비중이 매우 높다는 점이고, 가족성은 가족지배기업이라는 점이다. 재벌문제는 이 세 가지 특성에 복합적으로 기인한다. 따라서 이 세 가지 특성 중 어느 하나가 제거되면 재벌문제는 많은 부분 해소된다.

재벌의 세 가지 특성 중 가족성이 제거되면 KT나 POSCO와 같은 전문경영인 지배기업이 된다. 이렇게 되어도 집단성과 규모성은 여전히 존재한다. 그러나 가족성이 제거되면 집단성의 강도는 많이 떨어질 가능성이 있다.

따라서 경제력집중의 밀도도 많이 약해질 것이다. 가족에 의한 배타적 지배욕과 세습경영이 사라짐으로써 한 사람의 소유욕에 의해 계열기업을 묶어 두는 강도가 많이 약해질 것이기 때문이다. 그렇다고 자본주의 시장경제에서 가족경영을 제거시키는 것이 정책 목적이 될 수는 없다. 그리고 가족경영이 가져오는 장점도 있다.

만약 재벌의 세 가지 특성 중 규모성이 제거된다면 경제력집중의 문제는 해소될 수 있다. 그런데 규모성을 제거하는 방법은 간단치 않다. 규모성을 해결하는 방법으로는 계열기업의 수를 줄이는 방법과 계열기업의 규모를 줄이는 방법이 있을 수 있다.

이 중 계열기업의 규모를 줄여 규모성을 제거하는 것은 경제정책의 목표가 될 수 없다. 기업의 성장은 기업의 자연적 발전현상으로서 효율성 증대를 수반하기 때문이다. 기업성장은 오히려 더 지원해야 할 일이다.

기업성장에서 초래되는 독점화와 같은 경제적 폐단은 경제정책의 대상이 될 수 있지만, 기업성장 자체를 억제시켜 기업규모를 줄이는 것은 결코 정책의 목표가 될 수 없다. 따라서 계열기업의 규모를 통제하는 것은 재벌정책이 될 수 없다.

반면에 계열기업수를 줄여 규모성을 제거하는 것은 정책적으로 고려해 볼 수 있는 사항이다. 과도한 계열확장으로 그룹의 규모가 커지면서 경제력집중이 심화될 때는 계열확장을 억제시킴으로써 그 폐해를 해소시킬 수 있다.

계열확장의 억제는 집단성을 치유하는 것과 맥을 같이 한다. 특정 기업을 계열로부터 분리시켜 계열확장을 억제시키는 것은 바로 집단성을 치유하는 접근이 된다. 그리고 규모성을 해결하는 방법도 된다.

재벌의 세 가지 특성 중 집단성을 제거한다면 재벌문제의 많은 부분이 해소될 수 있다. 극단적으로 많은 계열기업이 독립화한다면 그룹의 규모가 대폭 축소될 것이기 때문에 1차적으로 그룹의 규모성이 제거될 것이고, 2차적으로 재벌의 집단성도 사라진다.

재벌정책은 일단 집단성에 무게를 두는 것이 효과적일 것이다.

집단성 자체에서 오는 긍정적 측면은 최대한 활용해야 하지만 기본적으로는 집단성 자체가 재벌문제의 근원이기 때문에 재벌정책의 요체는 집단성의 해소에 있다고 볼 수 있다.

하나의 재벌에는 수십 개의 기업이 들어 있다. 2006년도 자료에 의하면 삼성그룹에는 59개의 기업이 들어 있고, 현대자동차그룹에는 40개의 기업이 들어 있다. SK는 56개, LG는 30개이다. 그룹 속의 개별 기업은 법률적으로는 독립된 운영권을 가진 독립된 법인이지만 현실적으로는 그룹 전체가 하나의 기업이나 마찬가지이다.

개별 기업이 형식적으로는 독립적이지만 실질적으로는 독립적이지 못한 것이 재벌문제의 출발점이다. 만약 재벌 속의 개별 기업들이 법적 형식처럼 모두 독립적으로 경영되고 독립적으로 행동한다면 재벌문제는 거의 존재하지 않을 수 있다.

일본의 기업집단에서는 재벌문제가 거론되지 않는데, 그 이유는 바로 이러한 독립성 때문이다. 그룹은 만들어져 있지만 그룹 속의 개별 기업은 모두 독립경영을 영위하기 때문이다. 그룹 속의 기업들이 모두 독립적으로 행동한다면 그룹에 의한 경제력집중의 문제는 거의 해소될 것이다.

재벌 입장에서는 여러 기업을 거느리는 그룹을 만들어 그 그룹을 마치 하나의 기업처럼 운영하는 것이 유리한 점이 많기 때문에 그런 전략을 구사한다. 그런데 재벌 당사자에게 유리하다고 국가경제에도 유리한 것은 아니다. 국민경제 입장에서는 거기서 오는 폐단이 심각하기 때문에 재벌정책을 추구하는 것이다.

그러므로 재벌정책은 재벌계열사의 형식적 독립성과 실질적 종속성을 어떻게 처리하느냐가 핵심이다. 계열기업을 모두 독립화하면 재벌체제는 해체되지만 그룹식 경영에서 오는 여러 가지 장점들도 동시에 사라진다. 이것이 재벌정책의 딜레마이고, 정책당국과 재벌 당사자가 항상 충돌하는 요인이다.

이러한 양면성을 슬기롭게 극복하는 것이 올바른 재벌정책이 될 것이다. 그룹식 경영에서 오는 여러 가지 시너지효과는 살리면서 그룹식 경영이 야기하는 국민경제적 폐단은 최대한 제거하는 것이 재벌정책의 요체이다.

2. 기업결합

독립적이었던 두 회사가 동일주체의 경영지배하에 귀속되는 것을 기업결합이라고 한다. 물론 두 개 이상의 회사가 동시에 결합할 수도 있다. 이 때 기업결합의 주체와 객체는 개별 기업일 수도 있고 기업집단일 수도 있다.

공정거래법은 재벌그룹 속의 한 계열사가 다른 회사를 합병할 때 이를 단일회사와 단일회사의 기업결합으로 보지 않고 기업집단이 단일회사와 결합하는 것으로 보고 경쟁제한 가능성을 심사한다. 당연한 접근이라고 볼 수 있다. 형식상으로는 단일기업과 단일기업의 결합이지만 실질적으로는 하나의 기업처럼 운영되는 기업그룹이 단일기업과 결합하는 것이기 때문이다.

재벌의 기업결합은 우선 경제력집중을 심화시킨다. 특히, 상위 대재벌의 기업결합은 총괄집중률의 증가를 야기하기 때문에 바로 경제력집중과 연결된다. 경제력집중이 심화되면 시장질서와 경쟁질서가 왜곡되어 시장경제의 발전이 저해될 가능성이 있다.

기업결합은 수평결합, 수직결합, 혼합결합으로 구분한다. 재벌그룹이 개별 회사를 흡수하는 것은 혼합결합이면서 동시에 수평결합이거나 수직결합일 가능성이 매우 높다. 재벌그룹 자체가 이미 폭넓게 다각화되어 있기 때문에 혼합결합이 성립되는 것은 당연하며, 결합되는 개별 기업이 재벌그룹의 여러 업종 중 한 업종과 동일하면 수평결합도 성립된다. 또는 결합되는 개별 기업이 재벌그룹의 여러 업종 중 한 업종과 생산공정상 수직관계에 있으면, 이 결합은 동시에 수직결합일 수도 있다.

이와 같이 재벌그룹이 다른 개별 기업을 흡수하는 경우는 수평결합이나 수직결합이 성립하면서 동시에 혼합결합도 성립되기 때문에 경쟁제한적 기업결합이 될 가능성이 매우 높다. 따라서 공정거래위원회는 재벌그룹의 계열사가 기업결합을 신고할 때는 그 그룹 모든 계열사의 업종을 들여다 볼 수밖에 없다. 그런 연후에 그 결합이 시장경쟁을 제한할 가능성이 있는지를 검토한다.

공정거래법상 경쟁제한성의 판단은 결합으로 인한 시장집중률과 시장점유율의 변화에 초점이 맞추어져 있다. 공정거래법 제7조 4항에 경쟁을 실질적으로 제한하는 기업결합이 규정되어 있는데, 이 규정에 의하면 결합된 새 기업이 시장지배적 사업자의 추정요건에 해당하면서, 결합된 회사의 시장점유율이 그 시장에서 제1위가 되고, 1위 회사와 2위 회사의 점유율 차이가 1위 회사점유율의 25% 이상이면 이 결합은 시장경쟁을 실질적으로 제한하는 것으로 추정하고 있다. 그리고 이러한 기업결합은 승인되지 않는다.

시장지배적 사업자의 추정요건은 시장점유율이 50% 이상이거나 3사 집중률이 75% 이상인 것을 의미하므로 승인될 수 없는 기업결합은 다음과 같이 정리될 수 있다. 결합된 기업의 시장점유율이 50% 이상 되거나 결합 후의 3사 집중률이 75% 이상 되는 조건 중 하나가 충족되면서, 결합된 기업이 그 시장에서 제1위를 차지하고 2위와의 점유율 격차가 1위 점유율의 25% 이상 되면 이와 같은 기업결합은 시장경쟁을 실질적으로 제한하는 기업결합으로 추정되어 허용되지 않는다.

재벌그룹의 계열기업이 기업결합의 당사자일 때는 그 기업이 속한 그룹 전체가 하나의 기업인 것처럼 간주되기 때문에 그룹 내 모든 계열사의 업종을 포함하여 시장점유율과 3사 집중률이 계산된다. 예컨대, 삼성그룹 내의 화학분야 계열회사가 전자분야 회사를 인수하면, 비록 인수하는 회사는 화학분야의 회사이지만 삼성그룹이 이미 전자분야의 계열회사를 가지고 있기 때문에 이 결합으로 인해 전자분야의 시장집중률과 시장점유율에 변화가 생긴다. 따라서 재벌그룹의 계열사가 기업결합을 할 때는 그 재벌그룹의 계열사 전부가 기업결합을 하는 것과 마찬가지로 시장의 판도에 영향을 미친다.

이와 같이 재벌그룹의 계열사가 기업결합하는 것은 그룹 전체가 기업결합하는 것과 마찬가지이기 때문에 경제력집중은 물론 시장집중에도 영향을 미칠 가능성이 높다. 재벌의 기업결합은 재벌에 의한 경제지배력의 확장요인이 되면서 동시에 그 재벌이 참여하고 있는 시장에 대한 시장지배력도 증대시킨다. 재벌의 시장점유율 증가는 바로 시장집중률 증가로 연결되기 때문이다. 이런 면에서 재벌의 기업결합은 독립기업끼리의 기업결합에 비해 정책당국의 특별한 관리가 필요한 영역이다.

3. 재벌분할

미국의 독점금지법(Antitrust Law)은 독점화 현상에 매우 엄격하다. 독점을 증대시키는 기업결합은 엄격히 제한할 뿐만 아니라, 기존 기업에게도 독점력이 너무 커지면 그 기업을 분할하는 정책까지 도입하고 있다.

실제로 이 법에 따라 분할명령이 내려진 기업도 있다. 1900년대 초 미국의 석유산업을 독점하였던 스탠더드 오일(Standard Oil) 회사가 분할명령을 받았고, 1900년대 후반에는 유선전화산업을 독점하였던 AT&T 회사가 분할명령을 받았다. 그리고 최근에는 컴퓨터분야에서 세계적 독점을 구축하고 있는 MS사도 한때 분할대상으로 거론되었다.

기업분할은 단일법인을 쪼개서 복수의 회사로 만드는 것이다. 한 기업이 시장을 독점하면 그 기업을 쪼개서 복수기업들로 하여금 서로 경쟁하도록 만드는 것이 기업분할정책이다. 시장을 구조적으로 경쟁체제로 바꾸는 것이다. 기업 입장에서는 황당무계한 정책이 아닐 수 없다.

이 제도는 하나의 법인을 인위적으로 둘 또는 그 이상으로 나누어 다른 경영주체에게 넘기는 것이기 때문에 자본주의 사유재산제도의 근간을 흔드는 정부간섭일 수도 있다. 그러나 독점의 폐해는 사유재산을 침해해서라도 이를 교정해야 할 정도로 사회적 악이라고 보고 있다.

이런 관점에서 보면 재벌분할도 독점정책의 수단이 될 수 있다. 재벌분할은 재벌그룹으로부터 몇 개의 기업을 빼내 독립시키는 것이기 때문에 기업분할에 비해 오히려 더 쉬운 정책일 수도 있다. 재벌은 이미 분리된 회사를 하나의 경영주체 밑으로 묶어 놓은 것에 불과하기 때문에 한 개 또는 몇 개 회사를 그 경영주체에서 분리시키기만 하면 재벌분할은 달성될 수 있다. 하나의 큰 나무를 쪼개는 것보다는 여러 나무들의 큰 묶음에서 한두 개의 나무를 빼내는 것이 더 쉬울 수 있다.

재벌분할은 계열기업을 독립기업으로 분리시키는 것이기 때문에 계열분리라고 부르기도 한다. 재벌의 폐해가 심각하다면 계열분리도 하나의 정책수단으로 충분히 고려해 볼 수 있다. 이것보다 더 어려운 기업분할도 정책수단으로 사용되고 있는데, 계열분리가 정책수단으로 도입되지 못할 이유는 없다.

기업결합을 규제하는 논리가 기업분할에 적용되듯이 재벌확장의 규제논리가 계열분리에 적용될 수 있다. 재벌에 의한 과도한 계열확장이 심각한 경제력집중을 야기하거나 시장경쟁을 실질적으로 제한하는 효과를 가져온다면 계열분리를 명령해 그 폐해를 해소시킬 필요가 있다.

4. 계열분리제도

출자총액제한제도에 대해 재벌들이 워낙 강하게 저항하고 있기 때문에, 정부는 이 제도를 폐지하는 대신 환상형 순환출자를 금지시키겠다고 하였다. 출자총액제한제도는 폐지하되 대신 환상형 순환출자 금지를 도입하겠다는 것이다. 말하자면, 환상형 순환출자의 금지로 출자 총액 제한의 정책목적을 달성해 보겠다는 것이다. 그러나 이것은 환상이다.

출자 총액 제한의 주목적은 과도한 계열확장의 억제이다. 특히, 계열사 출자를 이용해 재벌들이 과도하게 계열을 확장해 나가는 것에 제한을 두자는 것이 출자 총액 제한의 목적이다. 순자산의 일정 범위 내에서만 타회사에 출자할 수 있도록 제한하면 계열사를 이용한 과도한 계열확장은 어느 정도 억제시킬 수 있다. 가공자본의 과도한 창출을 제한할 수 있기 때문이다.

이것에 비해 환상형 순환출자의 금지는 매우 복잡한 규제이다. 기업 1→기업 2→기업 3→기업 1과 같이 동그라미 고리로 출자가 이루어지는 것을 환상형 순환출자라고 하는데, 이런 환상형 순환출자를 금지시키는 것은 그 효과도 미지수일 뿐만 아니라 실제로 시행하는 것도 결코 간단하지 않다. 여기에는 엄청난 행정비용이 수반될 수도 있다.

환상형 순환출자의 금지는 그 목적이 과도한 순환출자를 막자는 것인지, 출자의 방법을 바꾸자는 것인지 분명하지 않다. 출자방법은 기업의 자율사항이다. 계열사 간의 출자에는 여러 가지 형태가 있을 수 있다. 그 중 어느 형태의 출자를 선택할 것인지는 기업의 사정에 맡기는 것이 원칙이다. 환상형 계열출자도 할 수 있고, 직선형 계열출자도 할 수 있으며, 피라미드식 계열출자도 할 수 있다.

문제는 이런 출자를 통해 재벌이 과도하게 계열을 확장시킴으로써 폐해가 커진다는 점이다. 그런데 환상형 출자를 금지한다고 그런 폐해가 없어지는 것은 아니다. 다른 형태의 출자도 가공자본을 창출하면서 과도한 계열확장을 야기한다. 그러므로 환상형 출자금지는 출자 총액 제한의 정책목표를 달성할 수 없으며, 출자총액제한제도의 대안도 될 수 없다.

그뿐만 아니라 환상형 순환출자의 금지는 규제를 위한 행정비용이 엄청나게 커질 수 있다. 규제대상이 되는 모든 회사의 출자고리를 모두 파악해야 하기 때문이다. 예컨대, 10대 재벌이 규제대상이라면 500개 정도의 기업이 규제대상이 될 것이다. 500개 기업에 출자한 회사를 역으로 모두 추적해 가면서 환상형 고리를 만들고 있는지 감시한다는 것은 결코 쉬운 일이 아니다. 정책집행 자체가 아예 불가능해질 수도 있다.

이미 환상형 순환출자가 이루어져 있는 출자에 대해서는 어느 한 곳에서 그 고리를 끊도록 해야 하는데, 어느 고리를 끊도록 해야 할 것인지에 대해서도 분명한 논리를 내세우기 어렵다. 동그라미를 끊어야 환상형 출자가 없어지는데, 동그라미의 어느 부분을 끊도록 해야 할지를 정책당국이 결정하기는 매우 어렵다. 기업의 선택에 맡기면 정책효과가 반감할 수 있다.

환상형 순환출자는 가공자본을 많이 창출할 수 있다고 하는데, 이와 다른 형태의 출자에서도 가공자본이 많이 창출된다. 즉, 일직선형 계열출자나 피라미드형 계열출자에서도 가공자본은 많이 창출될 수 있다. 이런 형태의 출자가 환상형으로 변하면 동그라미로 연결되는 부분에서 한 번 더 가공자본이 창출되는데, 직선형을 더 늘려도 그만큼의 가공자본은 창출될 수 있다. 그러므로 환상형 순환출자를 금지시킨다고 가공자본의 창출이 더 많이 억제되는 것은 아니다.

이와 같이 환상형 순환출자의 금지는 그 효과를 크게 기대할 수 없으면서 기업의 자율적인 출자방법에 과도하게 간섭하는 결과만 초래할 수 있다. 따라서 환상형 순환출자의 금지를 출자총액제한제도의 대안으로 제시하는 것은 재고되어야 할 정책접근이다.

출자총액제한제도의 대안이 꼭 필요하다면 계열분리명령제도는 고려해 볼 수 있다. 출자총액제한제도가 과도한 계열확장을 방지시키기 위한 것이기 때문에 경제적 폐해가 큰 계열기업을 그룹으로부터 분리시킬 수 있는 계열분리제도가 도입된다면 출자총액제한제도는 폐지를 고려해 볼 수 있으리라고 본다. 과도하게 확장된 재벌에서 계열기업을 그룹으로부터 분리시키는 것이나 과도한 계열확장을 막기 위해 출자 총액을 제한하는 것은 같은 효과를 가져올 수 있기 때문이다. 국가경제적으로 폐해가 크다고 판단되는 계열확장에 대해 계열분리 명령을 내릴 수 있도록 하는 것은 재벌정책의 새로운 수단으로 검토해 봄직하다.

5. 계열분리와 경쟁촉진

개별 기업이나 재벌그룹이 과도하게 다각화되어 있으면, 이로 인해 시장경쟁이 제한될 가능성이 있다. 한국은 대부분의 시장에서 2~3개 재벌이 경쟁하고 있다. 말하자면, 한국 시장의 특성은 재벌과 재벌 간의 경쟁이다. 이러한 재벌끼리의 경쟁이 각 시장에서의 가격을 경쟁가격 수준으로 끌어내리고 있는지는 세밀하게 연구되거나 조사된 바가 없다.

그런데 한국의 중요 시장에서는 치열한 가격경쟁보다는 오히려 담합이나 경쟁자제가 많이 관찰되고 있다. 특히, 재벌이 참여하는 중요 시장에서는 협조적 시장조정이 많이 이루어지고 있다. 이것은 광범위하게 다각화되어 있는 재벌들이 여러 업종에서 서로 만나기 때문이다.

두 재벌이 한 업종에서만 만나면 서로 치열하게 경쟁할 가능성이 높다. 그러나 여러 업종에서 만나면 양보와 협조가 쉬워지는데, 이는 여러 시장에서 이해관계가 서로 겹치기 때문이다. 거기다가 재벌과 재벌은 구매자와 판매자의 관계로도 서로 만나기 때문이다. 이렇게 되면 서로 우위업종을 나누어 갖기도 하면서 경쟁을 자제하려는 협조체제를 구축한다.

재벌과 재벌 사이의 이러한 경쟁제한성을 방지하거나 치유할 수 있는 방법은 재벌의 다각화를 통제하는 것이다. 다각화 정도가 줄어들면 다각화에 기인한 경쟁감소는 그만큼 줄어들 수 있다.

재벌의 다각화를 통제할 수 있는 직접적 정책수단은 계열분리이다. 경쟁억제의 주요인이 되는 계열사를 그룹으로부터 분리시키면 재벌체제에 기인한 경쟁감소는 치유될 수 있다.

경쟁제한 가능성이 있는 재벌의 기업결합은 허용하지 않는 것과 마찬가지로 경쟁제한요인이 되는 계열기업을 재벌로부터 분리시키는 것도 경쟁정책의 수단으로 사용할 수 있다. 기업결합정책이 경쟁제한 방지를 위해 사용되는 예비적 단계의 경쟁정책이라면 계열분리정책은 경쟁촉진을 위해 사용할 수 있는 사후적 단계의 경쟁정책일 수 있다.

6. 계열분리와 경제력집중 완화

경제력집중은 기본적으로 한 사람이 너무 많은 경제영역을 지배하기 때문에 나타나는 현상이다. 경제력집중이 심화되면 경제가 전반적으로 동맥경화증에 빠진다는 것은 이미 인정된 이론이다.

가장 이상적인 시장경제는 원자적 구조의 시장경제라고 본다.

한두 사람이 독차지하는 경제가 아니라 수많은 사람에 의해 분산 운영되는 경제를 원자적 시장경제라고 한다. 그래야만 시장이 제대로 작동한다.

정치에서 한 사람이 너무 큰 권력을 쥐면 그 정치는 독재로 간다. 그리고 경제에서 한 사람이 너무 큰 힘을 쥐면 그 경제는 독점으로 간다. 경제 전체가 그 사람의 이익에 휘둘려져 다수의 이익을 위해 경제가 운영되는 것이 아니라 그 사람의 이익 쪽으로 경제활동이 왜곡된다. 따라서 어떤 국가에서든 과도한 경제력집중은 우려하고 있다.

특히, 경제규모가 작은 나라에서는 경제력집중이 매우 우려되는 경제문제로 나타나고 있다. 그리고 우리 나라와 같이 재벌이 주도하는 경제에서도 경제력집중은 매우 중요한 문제로 나타나고 있다. 따라서 정부도 이 문제를 해결하려는 여러 가지 정책수단을 동원하고 있다.

계열분리정책은 경제력집중 억제 내지 완화의 가장 강력한 정책수단이 될 수 있다. 특정 재벌의 경제적 비중이 너무 높아 경제민주화가 무너지고 경제의 곳곳에 독점이 횡행하면 시장경제는 제대로 작동할 수 없다. 이 때는 계열분리를 통해 비대 재벌의 몸집을 줄이는 수밖에 없다. 이런 관점에서 계열분리는 재벌정책의 하나로 진지하게 고려해 볼 수 있는 정책수단이다.

출자총액제한제도에 대해 꼭 대안을 모색한다면 계열분리명령 정도를 고려해 볼 수 있다. 한국과 같은 재벌 중심의 경제에서는 과도한 경제력집중을 막기 위해 출자총액제한제도가 불가피한 선택일 수밖에 없다. 이 제도는 간단명료한 정책수단이고, 다른 정책에 비해 부작용도 비교적 적은 정책이다. 정부에 의한 정책집행도 용이하고 기업들이 정책을 이행하기도 용이하다. 따라서 당분간은 출자총액제한제도를 유지하는 것이 불가피하지만, 이 제도를 꼭 폐지해야 한다면 경제력집중의 심화를 방지하기 위해 적어도 계열분리제도는 도입되어야 할 것이다.

9

재벌가의 욕심: 무한 다각화

1. 개인다각화와 기업다각화
2. 재벌체제의 경쟁제한성
3. 공정거래정책 관점에서의 함의

9 재벌가의 욕심: 무한 다각화

1. 개인다각화와 기업다각화
2. 재벌체제의 경쟁제한성
3. 공정거래정책 관점에서의 함의

1. 개인다각화와 기업다각화

재벌은 폭넓은 다각화가 특징이다. 그런데 재벌의 다각화는 기업의 다각화와 구분되어야 한다. 기업의 다각화는 단일법인이 참여업종을 넓혀 나가는 기업성장현상이지만 재벌의 다각화는 재벌 총수가 개인의 사업범위를 넓혀 나가는 지배영역 확장현상이다. 예컨대, 삼성전자가 반도체, 휴대폰 등으로 새로이 사업라인을 구축하는 것은 기업다각화이지만, 삼성그룹이 삼성자동차를 만들어서 새 사업에 참여하는 것은 총수 입장에서의 개인다각화이다.

기업의 다각화는 효율성 향상을 위한 관련 다각화가 일반적 현상인 데 비해, 개인의 다각화는 지배범위 확장을 위한 비관련 다각화가 일반적 현상이다. 우리 나라의 재벌다각화는 후자의 다각화에 해당된다.

재벌의 다각화가 기업다각화와 혼동하는 것은 재벌그룹이 마치 하나의 기업인 것처럼 운영되기 때문이다. 그러나 다각화의 기능과 효과를 분석하기 위해서는 기업의 다각화와 기업가(개인)의 다각화를 엄격히 구분해야 한다.

다각화가 어떤 효과를 가져오는지에 대해서는 수많은 연구가 이루어져 왔다. 그러나 대부분의 다각화 연구는 기업다각화에 대한 연구이다. 선진국의 대기업에서 일어나는 다각화는 거의 모두 기업다각화이기 때문이다. 그러나 우리 나라 재벌의 다각화는 개인다각화이기 때문에 기업다각화의 연구결과를 그대로 적용시킬 수 없다.

기업다각화와 달리 재벌다각화가 야기하는 하나의 분명한 결과는 과잉다각화이다. 재벌다각화는 소유기업을 늘려 나가면서 이루어지기 때문에 다각화의 범위가 끝이 없다. 국가경제의 거의 전 분야에 걸쳐 다각화가 이루어진다.

이것은 경제력집중에 대한 문제를 필수적으로 수반하게 된다. 재벌은 수많은 계열기업을 지배하면서 수많은 사업에 참여하기 때문에 국가경제에서 차지하는 비중이 높을 수밖에 없으며, 경제력집중이 심화될 수밖에 없다.

재벌다각화와는 달리 기업다각화는 다각화된 업종 간의 내부거래로 거래비용을 절감시키면서 효율성을 증대시킨다고 본다. 따라서 효율성이 증대되는 범위까지 다각화가 이루어지면서 기업이 성장한다. 여기에 한계가 오면 기업다각화는 더 이상 이루어지지 않고 새 업종은 별도 기업으로 넘어갈 수밖에 없다.

별도 기업에게 새 업종을 맡기면서 그 기업까지 지배하는 다각화가 재벌다각화이다. 이와 같이 재벌다각화는 기업다각화에 한계가 왔다는 것을 입증하는 현상이다. 말하자면, 재벌다각화는 총수 개인의 지배범위를 넓혀 가는 총수의 다각화이지 기업의 효율성을 향상시켜 가는 기업다각화는 아니다.

재벌 총수가 기존 기업 내에서 다각화를 추진하지 않고 새 계열기업을 만들어서 다각화를 해 나가는 것은 기업범위에서는 더 이상

다각화의 경제성이 존재하지 않기 때문이다. 이런 다각화는 기업다각화가 아니라 개인다각화일 뿐이다. 총수의 개인다각화는 총수의 부를 넓혀 나가는 다각화이지 기업 내에서 효율성을 창출하는 다각화는 아니다.

계열기업 확장을 통한 개인다각화가 지속되는 이유는 지배자본을 절약할 수 있기 때문이다. 단일기업 내에서의 다각화는 그 기업의 주주가 모든 다각화 자금을 조달해야 한다. 따라서 대주주인 총수의 자금부담이 증가한다. 그러나 계열기업을 늘리는 개인다각화는 기업자금으로 이루어진다. 기존 기업이 새 기업의 주식을 인수하면 총수는 개인자금을 투입하지 않고도 새 업종으로 진출할 수 있다. 이렇게 되면 개인다각화는 무한정으로 지속될 수 있다.

재벌의 다각화는 경제력집중의 문제를 야기할 뿐만 아니라 시장경쟁 제한효과까지 야기할 수 있다. 재벌의 사업범위가 넓어지면 업종 간 또는 재벌 간의 여러 가지 복잡한 메커니즘에 의해 시장경쟁이 제한될 가능성이 있다.

2. 재벌체제의 경쟁제한성

(1) 경제력집중가설

경제력집중(economic concentration)이란 국가경제 전체에서 소수의 경제주체가 차지하는 비중이 높아지는 현상을 의미한다. 따라서 경제력집중의 정도는 주로 총괄집중률(aggregate concentration)을 이용하여 측정한다. 총괄집중률은 100대 또는 200대 기업군이 국가경제 전체에서 차지하는 비중으로 정의된다. 그런데 우리 나라에서는 재벌이라는 특수한 기업조직이 마치 대규모의 단일기업처럼 운영되고 있기 때문에 10대 또는 30대 재벌군이 국가경제 전체에서 차지하는 비중으로 총괄집중률을 정의하고 있다.

통계적으로 총괄집중률이 높아지면 경제력집중현상이 심화된다고 본다.❶ 그리고 시장집중률(market concentration)이 높아지면 시장경쟁이 위축된다고 본다. 따라서 총괄집중률과 시장집중률이 서로 연관되어 있으면 경제력집중도 시장경쟁과 연결될 수 있다.

그런데 시장집중률은 특정 상품의 시장에서 주도적 대기업군이 차지하는 비중인 반면, 총괄집중률은 국가경제 전체 또는 제조업, 비금융업 등과 같이 넓은 범주의 산업 내에서 주도적 대기업군이 차지하는 비중이기 때문에 총괄집중률과 시장집중률이 직접 연결될 수는 없다. 하지만 클라크(R. Clarke)와 데이비스(S. W. Davies)는 총괄집중과 시장집중이 서로 연관되어 있다는 것을 이론 및 실증적으로 보여 주고 있다.❷

대규모 기업이 커지면 총괄집중률이 높아진다. 그런데 대규모 기업은 다각화 정도를 더욱 확장하면서뿐만 아니라 이미 진출해 있는 개별 업종의 규모도 키우면서 성장해 나간다. 이 때 참여업종에

---

❶ 황인학은 『경제력집중, 한국적 인식의 문제점』(한국경제연구원, 1997)에서 경제력집중현상을 더욱 구체적으로 정의하고 있다. 총괄집중률이 높으면서 대기업들이 광범위하게 다각화되어 있을 뿐만 아니라 소유집중현상이 심하고 시장집중현상이 높을 때 경제력집중이 심화된다고 정의하고 있다. 이 개념은 한국의 재벌을 대상으로 경제력집중을 파악할 때 적용할 수 있는 논리이다. 대재벌들이 국가경제에서 차지하는 비중이 높고(총괄집중률이 높고), 많은 계열기업을 거느리면서 수많은 업종에 진출해 있고(다각화가 매우 높고), 총수가 그룹 전체에 대해 지배권을 장악하고 있고(소유집중현상이 높고), 많은 계열기업들이 독과점업체로 군림하고 있을 때(시장집중이 높을 때) 한국 경제에서는 재벌에 의한 경제력집중이 심화되었다고 본다. 그러나 이런 조건들이 경제력집중의 필요조건은 아니다. 일단 총괄집중률이 높으면 경제력집중이 심화되었다고 판단할 수 있다. 우리 나라 재벌은 구미 선진국의 대규모 단일기업과 마찬가지이기 때문에 선진국에서처럼 우리 나라에서도 총괄집중률만으로 경제력집중의 정도를 파악할 수 있다.

❷ R. Clarke and S. W. Davies, "Aggregate Concentration, Market Concentration and Diversification," *The Economic Journal*, 93, March 1983, pp. 182~192.

서의 영업규모가 커지면 그 시장에서의 시장집중률이 높아질 것이다. 따라서 총괄집중률이 증가하면 부분적으로 시장집중률도 증가한다. 즉, 총괄집중률과 시장집중률은 서로 연관성이 있다는 것이 클라크와 데이비스의 주장이다.

이 논리는 한국 재벌에도 그대로 적용될 수 있다. 재벌규모가 커지면 총괄집중률이 높아진다. 그런데 재벌규모는 계열기업의 수를 늘리면서뿐만 아니라(다각화의 확대) 개별 계열기업의 규모를 신장시키면서 커 나간다. 개별 계열기업이 커 갈 때는 이 기업이 참여하는 시장에서의 독점 정도가 높아지면서(시장집중의 확대) 시장경쟁이 위축된다.

이와 같이 총괄집중의 증가는 시장집중의 증가를 수반하면서 시장경쟁을 제한할 수 있다. 캐스웰(J. A. Caswell)도 총괄집중은 시장집중을 반영하는 지수가 된다고 보았다.[3] 총괄집중이 높아지면 그 경제 내의 많은 시장에서 시장집중이 높아지면서 시장경쟁이 제한된다고 보았다.

바이스(L. W. Weiss)[4]와 캐스웰은 경제외적인 측면에서도 총괄집중의 증가가 시장경쟁을 위축시킬 수 있다고 보았다. 총괄집중이 높아지면 재벌의 사회적 · 정치적 비중이 높아지면서 정부의 정책결정 과정이나 사회적 여론조성 과정에서 재벌의 입김이 더욱 커질 수 있다. 재벌들은 이미 확보하고 있는 독점력(독점시장)을 지속적으로 유지하기 위해서뿐만 아니라 새롭게 독점력(독점시장)을 확보하기 위해서 그들의 정치 · 사회적 힘을 더 크게 활용할 수 있다. 이

❸ Julie A. Caswell, "Aggregate Concentration: Significance, Trends, and Causes," *Issues after a Century of Federal Competition Policy*, ed. by Robert L. Wills, Julie A. Caswell, and John D. Culbertson, Lexington Books, 1987, pp. 237~249.

❹ Leonard W. Weiss, "The Extent and Effects of Aggregate Concentration," *Journal of Law and Economics*, 26(2), June 1983, pp. 429~455.

표 9-1 재벌에 의한 경제력집중, 금융업 제외(1987~2002)

단위: %

		1987	1993	1999	2002
5대 재벌	자산액	25.26	25.56	25.59	23.28
	매출액	31.46	28.13	31.20	25.95
30대 재벌	자산액	45.91	45.87	40.90	36.88
	매출액	48.69	42.32	42.51	36.19

자료: 최정표, 「재벌체제의 시장경쟁 제한효과」, 『한국경제연구』, 2006. 6.

것은 간접적인 방법으로도 시장경쟁을 제한시키는 효과를 가져올 수 있다는 견해이다.

경제력집중가설은 재벌의 세 가지 특성(집단성, 가족성, 규모성) 중 세 번째 특성인 규모성에 기인한다. 규모가 크기 때문에 총괄집중률이 높아진다. 총괄집중률이 높아지면 더 많은 시장에서 시장집중이 높아질 뿐만 아니라 비경제적 분야에서도 재벌의 힘이 커져 그 힘을 자기들의 독점력 확대에 이용할 수 있다.

한국 경제에서는 재벌에 의한 경제력집중의 문제가 그 동안 심각한 경제문제의 하나로 지적되어 왔었다. 〈표 9-1〉에서 보는 것처럼 재벌에 의한 총괄집중률은 매우 높은 수준에 이르고 있다. 5대 재벌이 우리 경제에서 차지하는 비중은 30% 수준을 넘어설 때도 있었으며, 30대 재벌에 의한 총괄집중률은 50% 가까이까지 이를 때도 있었다. 경제력집중이 이 정도까지 높아지면 많은 시장에서 시장집중이 높아져 시장경쟁이 제한될 가능성이 높다.

(2) 거대자금가설

다각화된 대규모 복합기업(conglomerates)이 참여하는 업종에서는 내부보조(cross subsidization)로 인해 시장경쟁이 제한될 수 있다. 이 논리는 에드워즈에 의해 처음 제기되었는데, 쉐러는 에드워즈의

주장을 보강하여 체계화시키고 있다.[5]

다각화되어 있는 대규모 복합기업은 수익성이 높은 업종의 수입으로 다른 업종의 사업을 보조해 줄 수 있는데, 이 때 보조를 받은 업종의 시장에서는 복합기업이 경쟁기업을 시장으로부터 축출해 버릴 수 있을 정도로 가격을 낮게 책정할 수 있다. 이렇게 되면 복합기업은 이 업종의 시장을 약탈하게 되기 때문에 이런 가격결정행위를 약탈가격정책(predatory pricing)이라고 한다.

약탈가격정책이 가능한 것은 이 기업이 여러 업종의 수입으로부터 거대자금을 조달할 수 있기 때문이다. 이와 같이 대규모 복합기업이 거대한 내부자금을 이용하여 특정 시장에서 시장약탈을 시도하면서 독점력을 확보해 나가는 것을 거대자금가설(deep pocket hypothesis)이라고 한다.

약탈가격은 궁극적으로 시장경쟁을 제한한다. 약탈가격이 시행되는 동안에는 시장경쟁이 오히려 촉진되고 소비자들이 혜택을 누릴 수 있지만, 시장약탈이 성공한 후에는 더 이상 가격을 낮출 필요가 없다. 이 때는 오히려 독점가격을 책정하여 약탈가격으로 인해 손해보았던 부분을 보전할 뿐만 아니라 높은 독점이윤까지 누릴 수 있다. 따라서 약탈가격이 성공한 후에는 이 업종에서의 시장경쟁이 현저히 제한될 것이다.

한국의 재벌체제에서는 재벌에 의해 시장약탈이 이루어질 가능성이 매우 높다. 대재벌은 참여업종이 폭넓게 다각화되어 있다. 그리고 수익성이 높은 업종도 많이 거느리고 있다. 따라서 대재벌은 일반적으로 자금력이 풍부하다(deep pocket). 그러므로 재벌은 계

[5] Corwin D. Edwards, "Conglomerate Bigness as a Source of Power," in *Business, Concentration and Price Policy*, ed. by George Stigler, Princeton, NJ: Princeton University Press, 1955, pp. 331~359; F. M. Scherer, *Industrial Market Structure and Economic Performance*, 2nd ed., Haughton Mifflin Company, 1980.

열기업 간의 내부보조를 이용해 특정 계열기업이나 특정 업종을 집중 지원할 수 있다.

이 때 지원을 받은 계열기업은 자기 업종에서 약탈가격을 시행할 수 있으며, 약탈가격까지는 가지 않더라도 시장점유율을 대폭 확대시켜 나갈 수 있다. 이렇게 되면 궁극적으로 이 기업은 시장에서 독점력을 확보하게 되고, 이 때부터는 독점이윤을 누릴 수 있도록 가격정책을 수행해 나갈 수 있다. 그러면 이 시장에서는 경쟁이 제한될 수밖에 없다.

재벌의 내부보조는 진입제한효과도 발휘한다. 재벌이 참여하는 업종에서는 재벌기업이 거대자금으로 위협을 하기 때문에 비재벌기업이 신규진입하는 데 매우 신중해질 수밖에 없다. 그뿐만 아니라 시장 내 기존 기업도 재벌기업에 대해서는 공격적인 시장전략을 구사하기도 어렵다. 재벌에 비해 자금력이 부족하기 때문이다. 이런 효과를 총칭하여 재벌의 과시효과(demonstration effect)라고 한다. 재벌은 거대자금으로 자기 위상을 과시하기 때문에 신규진입이나 비재벌기업에 의한 도전적 경쟁이 그만큼 어려워진다.

거대자금가설은 재벌의 세 가지 특성(집단성, 가족성, 규모성) 중 첫 번째 특성에 크게 기인한다고 볼 수 있다. 재벌은 수많은 계열기업을 거느리면서 폭넓게 다각화되어 있기 때문에 수익성이 높은 계열기업이나 업종의 자금으로 다른 계열기업이나 업종을 내부지원할 수 있는 것이다.

공정거래법에서는 계열기업 간의 부당내부거래를 단속하고 있다. 부당내부거래는 일시적으로는 경쟁을 촉진시킬 수 있으나 궁극적으로는 시장경쟁을 제한할 가능성이 높기 때문이다. 재벌이 내부보조를 이용하여 참여업종을 넓혀 나갈 뿐만 아니라 많은 업종을 하나씩 독점화시켜 나가면, 궁극적으로는 재벌의 독점적 지배업종이 더욱 늘어나면서 경제는 전체적으로 시장경쟁이 위축될 것이다.

(3) 상호구매가설

재벌은 독자적으로 독점력을 강화할 수도 있지만 다른 재벌과 공동으로 독점력을 강화시킬 가능성도 있다. 재벌은 많은 업종으로 다각화되어 있어서 서로 상대방의 주요 고객이 될 수 있기 때문이다. 예컨대, 다각화되어 있는 재벌 A는 a, x, c업종에 진출해 있고, 또 다른 재벌 B는 b, y, c업종에 진출해 있다. 그런데 재벌 A의 a업종은 재벌 B의 y업종 상품을 부품으로 사용하고, 재벌 B의 b업종은 재벌 A의 x업종 상품을 부품으로 사용하고 있다. 그리고 c업종에서는 A와 B가 서로 경쟁해야 하는 입장에 있다. 이렇게 되면 A와 B는 c업종에서는 서로 경쟁하면서 a와 b업종에서는 서로 상대방의 고객이 된다. 즉, x, y업종에서는 서로 상대방의 상품을 구매해야 하는 상호구매(reciprocal buying)관계가 성립된다.

A와 B 사이에 이러한 상호구매관계가 성립하면 A와 B는 c시장에서 서로 경쟁을 자제할 가능성이 높아진다. 그 이유는 서로 상대방에게 보복할 수 있는 수단을 가지고 있기 때문이다. A와 B가 상호구매관계를 맺고 있는데 c시장에서 가격전쟁(price war)이 일어나면, 이들은 a, b시장을 통해 서로 상대방에게 보복할 수 있다. 예컨대, A가 c시장에서 기만적 행위나 도전적 행위를 하면 A는 B로부터 x재의 구매중단 등과 같은 보복을 당할 수 있다. 마찬가지로 B가 c시장에서 기만적 행위나 도전적 행위를 감행한다면 B는 A로부터 y재의 구매중단 등과 같은 보복을 받을 수 있다. 따라서 두 재

벌 간에 이런 산업연관관계가 성립되어 있으면 두 재벌은 c시장에서 서로 경쟁을 자제할 가능성이 높아진다.

이와 같이 두 기업이 서로 상호구매관계를 갖고 있기 때문에 특정 시장에서 경쟁이 제한되는 현상을 상호구매가설(reciprocal buying hypothesis)이라고 한다. 우리 나라 재벌들은 아주 많은 업종으로 다각화되어 있기 때문에 특정 재벌 간에 이러한 관계가 성립되고 시장경쟁이 제한될 가능성이 충분히 존재한다.[6]

(4) 상대영역 상호존중가설

재벌은 수많은 분야로 다각화되어 있다. 따라서 여러 재벌은 많은 시장에서 서로 만나게 되고, 또 경쟁관계에 놓이게 된다. 이렇게 되면 각 재벌은 다른 재벌과 경쟁하는 데 매우 신중해질 수밖에 없다. 재벌 간의 경쟁은 여러 시장에서의 경쟁으로 확대될 수 있기 때문이다.

특히, 각 재벌이 나름대로 자기의 비교우위 시장을 확보하고 있다면, 경쟁보다는 협조의 길을 모색할 가능성이 더욱 높아진다. 에드워즈(Edwards, 1955)는 다각화된 대규모 복합기업 간의 관계를 분석하면서 이 원리를 처음으로 제시하였고, 쉐러(Scherer, 1980)는 여러 가지 사례를 이용하여 이 원리를 체계적으로 설명하고 있다.

한국 재벌은 대규모 복합기업 이상으로 다각화의 폭이 넓기 때문에 에드워즈(1955)의 논리가 성립할 가능성이 매우 높다. 예컨대, 재벌 A와 B가 모두 a, b, c업종에 진출해 있으면 이 업종 모두에서

---

[6] Scherer(1980), Weiss(1983), Caswell(1987)의 앞 논문들은 다각화된 대규모 복합기업에서 이런 현상이 나타날 수 있다는 것을 잘 설명하고 있다.

이들은 경쟁해야 하는 입장에 놓이게 된다. 그런데 a업종에서는 재벌 A가 시장점유율이 매우 높으면서 비교우위에 있고, b업종에서는 재벌 B가 시장점유율이 매우 높으면서 비교우위에 있다. 그리고 시장 c에서는 두 재벌이 거의 비슷한 정도의 점유율에서 어느 재벌도 상대적 우위성을 확보하지 못하고 있다.

에드워즈와 쉐러는 이러한 관계가 성립되어 있으면 세 시장 모두에서 경쟁이 자제될 가능성이 높다고 보았다. a시장에서는 A가 절대적 우위에 있고, b시장에서는 B가 절대적 우위에 있기 때문에 두 시장에서는 원초적으로 경쟁이 활성화되기 어렵다. 거기에다가 A와 B 사이에는 암묵적으로 서로 상대방의 우위영역(spheres of influences)을 인정하는 신사협정이 성립될 수 있다. A는 B에 대해 b영역에서의 우위성을 인정해 주는 대신, a영역에서는 자기의 우위성을 인정받으려고 한다.

이렇게 되면 a, b시장은 물론 서로 경쟁할 가능성이 높은 c시장에서도 경쟁이 자제될 수밖에 없다. c시장에서 치열하게 경쟁하게 되면 a, b시장에서의 상대영역 상호존중협약도 무너질 수 있다. A와 B는 각각 우위 입장에 있는 a, b시장에서 상대방에게 보복할 수 있기 때문이다. 이렇게 되면 c시장 때문에 a, b시장에서의 협조체제까지 무너질 수 있다. 따라서 A와 B는 a, b, c시장 모두에서 경쟁을 자제하려고 할 것이다.

재벌들은 많은 시장에서 서로 경쟁관계에 놓여 있지만 나름대로 자기의 우위영역을 확보하고 있다. 재벌 간의 경쟁으로 잘 알려진 분야는 삼성과 LG가 경쟁한 1990년대의 가전제품이라고 볼 수 있다. 전자부문에서는 LG에 비해 삼성이 후발 재벌이라고 볼 수 있다. 그러나 이 두 재벌은 가전업종에서 매우 치열한 경쟁관계에 있었다.

그런데 이 두 재벌 사이에 실제로 치열한 가격경쟁이 있었는지는 밝혀져 있지 않다. 가전부문의 상품별 시장을 살펴보면 양 재벌의 우위부문과 경합부문이 뚜렷이 구분된다.

1990년도의 자료에 의하면 TV수상기시장은 LG가 43.6% 점유율과 삼성이 34.9% 점유율로 LG가 우위에 있었다. 반면에 VTR시장은 삼성이 44.9% 점유율과 LG가 32.8% 점유율로 삼성이 우위에 있었다. 그런데 냉장고시장(LG 42.9%, 삼성 40.6%)과 전기세탁기시장(삼성 45.1%, LG 41.4%)은 거의 비슷한 점유율을 보이고 있다.

이 때 이 네 시장에서 삼성과 LG가 과연 얼마나 치열한 가격경쟁을 하였는지는 미지수이다. 상대영역 상호존중가설(spheres of influence hypothesis)이 성립되었다면 겉모습과는 달리 실제로는 가격경쟁이 별로 이루어지지 않았을 수도 있다.

(5) 다시장접촉가설

재벌은 광범위하게 다각화되어 있기 때문에 많은 시장에서 다른 재벌과 만나게 되는데, 이 이유 때문에 경쟁이 자제될 가능성이 있다. 상호구매가설에서는 두 재벌이 서로 고객관계로 만나게 될 때 경쟁이 제한될 수 있는 가능성을 보여 주었다. 상대영역 상호존중가설에서는 두 재벌(또는 그 이상의 재벌)이 동종의 여러 시장에서 만나면서 각자 강한 영역을 가지고 있을 때 그 시장뿐만 아니라 다른 시장에서도 경쟁이 제한될 수 있는 요인이 있다는 것을 살펴보았다. 다시장접촉가설(multimarket contact hypothesis)은 두 가설을 종합한 보다 일반화된 가설로 두 재벌(또는 그 이상의 재벌)이 여러 시장에서 서로 만나는 것 자체가 경쟁제한의 요인이 된다는 주장이다.

다시장접촉가설은 다각화되어 있는 두 기업(또는 그 이상 기업)이 여러 시장에서 서로 만나면 이들끼리의 상호의존성이 높아지기 때문에 각 시장에서 서로 경쟁을 자제하려는 움직임이 있을 수 있다는 가설이다. 상호의존성이 높아진다는 것은 상대방의 도전적 행위에 보복할 수 있는 고리를 가질 뿐만 아니라 상대방의 시장행동이 자기의 이익에 직접 영향을 미칠 가능성이 높아진다는 의미이다.

전통적 시장이론에서는 시장의 독점력이 그 시장 내부의 사정에 의해 결정된다고 보았다. 그 시장의 수요조건, 시장집중률, 진입장벽 등이 시장경쟁을 좌우하는 주요 요소로 취급되었다.

그러나 다시장접촉가설은 그 시장 자체의 조건뿐만 아니라 타시장의 조건에 의해서도 시장경쟁이 영향을 받는다는 이론이다. 특정 시장에서의 경쟁자들이 다른 시장에서도 서로 만나게 되면 다른 시장에서의 경쟁관계가 특정 시장의 경쟁에 영향을 준다는 것이 다시장접촉가설이다. 예컨대, 재벌 A와 B가 a시장과 b시장에서 서로 경쟁하는 관계에 있다면, a시장의 경쟁 정도는 a시장 자체의 시장조건에 의해서뿐만 아니라 b시장에서의 경쟁조건에 의해서도 영향을 받는다.

다시장접촉효과의 가능성을 제일 먼저 제기한 학자는 에드워즈(1955)이다. 그는 다각화된 기업들이 여러 시장에서 서로 만날 때는 상호자제 가능성(potential of mutual forbearance)이 높아진다고 보았고, 이 때문에 경쟁이 무디어진다고 보았다. 이런 현상은 여러 업종에서 서로 만나게 되는 기업들 사이에서뿐만 아니라 한 업종의 기업들이 지역적으로 분리된 여러 시장에서 서로 만나게 될 때도 나타날 수 있다.

에드워즈의 주장 이후 다시장접촉효과에 관해서는 많은 이론연구와 실증연구가 있어 왔다. 대부분의 연구들은 다시장접촉이 시장경쟁에 영향을 미칠 가능성이 높다고 보고 있다.

한국 재벌은 광범위하게 다각화되어 있기 때문에 여러 시장에서 경쟁자로서 서로 만나게 된다. A재벌이 수행하는 업종에는 B재벌도 참여하고 있는 것이 보통이다. 말하자면, 재벌들은 여러 시장에서 서로 경쟁자가 된다. 예컨대, 식음료품분야의 대표적 재벌이었던 롯데와 해태는 아이스크림시장, 초콜릿과자시장, 껌시장, 빙과시장, 쥬스시장, 보리음료시장 등에서 서로 경쟁자로 만나고 있다. 그뿐만 아니라 여러 재벌들은 또 여러 중간재 시장에서 서로 공급자와 수요자의 관계로 만나기도 한다. 다시장접촉가설이 성립한다면 한국의 재벌끼리는 많은 시장에서 경쟁이 자제될 가능성이 매우 높다.

3. 공정거래정책 관점에서의 함의

한국의 공정거래법(독점규제 및 공정거래에 관한 법률)은 시장집중(market concentration)과 경제력집중(economic concentration)에 대한 문제를 동시에 다루고 있다. 시장집중은 독점문제로서 반독점정책(antitrust policy)의 전통적 영역이다. 어느 나라든 공정거래법의 핵심 내용은 시장집중의 문제이다.

반면에 경제력집중은 재벌문제로서 한국 공정거래법 특유의 추가영역이라고 할 수 있다. 한국에는 재벌이라는 특수한 기업조직이 작동하면서 경제력집중으로 인한 여러 가지 경제적 폐해를 야기하기 때문에 공정거래법은 독점금지조항과 더불어 재벌규제조항을 추가로 도입하고 있다.

그런데 학계와 재계의 일부에서는 이 부문에 대해 비판적 지적을 하고 있다. 공정거래법은 반독점법(antitrust law)이기 때문에 전통적 독점문제만 취급해야 하고, 재벌제도는 독점과 관련이 없기 때문에 재벌에 관한 규제조항들은 공정거래법으로부터 분리시켜야 한다는 것이 이들의 주장이다. 특히, 재계에서는 이 주장이 매우 강하다.

공정거래법은 독점문제만 다루어야 할 이유도 없을 뿐만 아니라 재벌문제가 독점과 무관한 것도 아니다. 지금까지의 논의에 의하면 재벌체제가 독점문제와 직접 관련이 있는 것으로 나타나고 있다. 따라서 공정거래법이 독점문제만 다루어야 한다는 주장을 받아들인다고 해도 공정거래법에 재벌규제가 도입되는 것은 불가피하다고 볼 수 있다. 문제는 공정거래법상의 재벌규제가 독점을 방지하고 시장경쟁을 촉진시키는 규제이냐는 점이다.

공정거래법에서 도입하고 있는 재벌규제의 주요 수단은 대규모 기업집단에 적용되고 있는 지주회사 설립제한, 출자 총액 제한, 상호출자 금지, 채무보증 금지, 의결권 제한, 내부거래의 이사회 의결 및 공시, 기업결합의 신고, 주식소유현황의 신고 등이라고 볼 수 있다. 중요한 것은 이런 정책수단들이 직접 독점을 금지하거나 제한하는 효과를 가졌느냐 하는 점이다. 특히, 재벌체제에 기인한 시장경쟁 제한효과를 치유할 수 있는 정책수단이 되고 있느냐 하는 점이 중요하다.

재벌이 시장경쟁을 제한하는 주된 이유는 과도한 다각화에 있다. 시장경쟁 제한효과의 다섯 가지 가설 모두가 다각화와 관계되어 있다. 만일 재벌이 다각화되어 있지 않고 단일업종에서 규모만 매우 크다면, '경제력집중가설'에 의한 시장경쟁 제한효과는 나타날 수 있지만 다른 네 가지 가설에 의한 경쟁제한효과는 나타날 수 없다. 따라서 재벌체제에 기인한 시장경쟁 제한효과를 제거하기 위해서는 다각화에 기인한 경쟁제한효과를 제거할 수 있어야 한다.

다각화에 관한 그 동안의 연구는 효율성(efficiency)이 중요 관심 주제였다. 기업이 관련 다각화 또는 비관련 다각화를 추구해 나갈 때 과연 효율성이 향상되고 있느냐가 다각화에 관한 연구자들의 주요 관심사였었다. 그러나 다각화는 시장경쟁을 제한하는 효과도 가져오고 있다. 따라서 공정거래의 관점에서는 다각화의 시장경쟁 제한효과가 매우 중요한 이슈라고 볼 수 있다.

다각화에 기인한 경쟁제한효과를 제거하기 위한 가장 직접적인 정책은 다각화의 정도를 억제시키는 것이다. 그 다음은 다각화된 업종 간의 관계를 투명화시키는 접근이다. 다각화 정도가 줄면 다각화로 인한 경쟁제한성이 줄어들 것이다. 그리고 다각화된 업종 간의 관계가 투명화되면 반경쟁적 행위가 노출되어 쉽게 독점금지정책의 제재를 받을 수 있다.

공정거래법에 도입되어 있는 재벌규제정책 중 출자 총액 제한과 상호출자 금지는 다각화의 정도를 감소시키는 정책수단이다. 재벌의 계열기업은 직접상호출자나 순환식 간접상호출자를 통해 가공자본을 창출하고 이를 이용해 과도한 다각화를 추구한다. 이러한 다각화를 제한할 수 있는 정책수단이 출자 총액 제한과 상호출자 금지이다. 따라서 이 정책은 다각화를 억제시키는 정책이고, 다각화에 기인한 경쟁제한의 정도를 줄이는 정책이다.

다각화된 업종 간의 관계를 투명화시키는 정책도 매우 중요하다. 다각화된 업종 간의 관계는 거래관계와 협조관계로 나누어 살펴볼 수 있다.

거래관계는 계열기업 간의 내부거래를 의미한다. 내부거래는 거대자금가설에서 논의된 경쟁제한효과를 가져올 수 있는 주요인이다. 따라서 공정거래법에 도입되어 있는 부당내부거래 방지수단들은 거대자금가설에서 논의된 경쟁제한효과를 억제시킬 수 있는 정책수단이 된다. 대규모 내부거래에 대해 이사회 의결을 거쳐 공시하도록 하는 것과 계열기업 간의 채무보증을 금지시키는 등의 규제는 계열기업 간의 부당내부거래를 방지하기 위한 정책수단들로서 다각화에 기인한 경쟁제한성을 예방하기 위한 정책이다.

업종 간의 협조관계는 상호구매가설, 상대영역 상호존중가설, 다시장접촉가설 등에서 논의된 경쟁제한효과의 주원인이다. 다각화된 여러 업종 중 한 업종에서의 경쟁자제가 다른 업종에서의 경쟁자제로 연결되면 이것은 재벌 간의 협조관계로 귀착된다. 이런 요인에 기인한 경쟁제한성을 제거시키기 위해서는 재벌 참여업종들의 다각화 현황을 투명화시킬 필요가 있다. 재벌이 참여하는 모든 업종의 자료들이 투명하게 공개되면 업종 간의 협조관계와 재벌 간의 경쟁제한행위가 쉽게 노출될 수 있고, 쉽게 법적 제재를 받을 수 있다.

현재의 공정거래법은 재벌의 다각화 현황을 투명화시키기 위한 정책수단은 가지고 있지 않다.[7] 현재의 재벌규제는 소유구조의 투명화에 치중되어 있다. 공정거래법이 재벌체제에 의한 경쟁제한효과를 억제시키기 위해서는 다각화에 관한 자료를 주기적으로 자세하게 공개하는 것이 필요하다.

각 재벌이 진출해 있는 개별 시장자료를 모두 공개하면 우선 재벌기업들의 다시장접촉현황이 밝혀진다. 그리고 이런 시장의 시장

---

7 현 공정거래법에 도입되어 있는 기업집단의 기업결합 신고와 주식소유현황 신고는 소유구조를 투명화시키는 장치이고, 다각화 현황을 투명화시키는 장치는 되지 못한다.

구조도 밝혀진다. 이렇게 되면 다시장접촉에 기인한 경쟁제한은 재벌 스스로에 의해 최대한 자제될 수 있을 뿐만 아니라 경쟁제한효과를 제거하기 위한 정책집행도 용이해진다.

재벌정책은 지배구조 접근에서 시장구조 접근과 시장행동 접근으로 전환하는 것이 중요하다. 소유구조는 시장경쟁과 직접 관계가 없다. 반면에 다각화 정도와 다각화된 개별 시장의 시장구조와 시장행동은 시장경쟁과 직접 관련이 있다. 따라서 재벌체제에 기인한 경쟁제한효과를 억제시키기 위해서는 지배구조를 투명화시키는 것보다 재벌이 참여하는 업종의 시장구조와 시장행동을 투명화시키는 것이 더욱 긴요한 과제이다. 특히, 다각화되어 있는 재벌업종의 시장구조와 시장행동을 투명화시키는 것은 더욱 중요하다.

재벌의 다각화 현황을 투명화시켜 다각화로 인한 경쟁제한성이 쉽게 추적되고 감시될 수 있도록 해야 한다. 이를 위해서는 매년 재벌의 다각화 자료를 공개하여 다각화가 시장과 정책당국의 감시를 받도록 해야 한다. 현재 시행중인 소유구조에 관한 자료공개 못지않게 다각화 구조와 다각화 현황에 관한 자료를 공개하는 것도 공정거래 당국의 중요한 임무라고 할 수 있다. 각 재벌이 참여하는 수많은 시장에 관한 자료가 공개되면 시장에서 일어나는 독점문제가 더욱 분명히 밝혀지고 감시될 수 있다.

10

요약 정리하면

1. 경제력집중 개념의 적극적 도입
2. 내부거래 규제의 재정비
3. 기업집단 지정제도의 개선
4. 출자총액제한제도의 단순화
5. 의결권제한제도의 정비
6. 지주회사제도의 강화
7. 과도한 다각화의 통제
8. 비재벌부문과의 상생적 관계 복원

요약 정리하면

1. 경제력집중 개념의 적극적 도입
2. 내부거래 규제의 재정비
3. 기업집단 지정제도의 개선
4. 출자총액제한제도의 단순화
5. 의결권제한제도의 정비
6. 지주회사제도의 강화
7. 과도한 다각화의 통제
8. 비재벌부문과의 상생적 관계 복원

1. 경제력집중 개념의 적극적 도입

재벌문제의 핵심은 경제력집중(concentration of economic power)이다. 경제력집중은 소수의 개인이 경제활동의 너무 많은 부문을 지배함으로써 나타나는 문제이다.

재벌에 대해 논할 때는 소유집중, 지배구조, 다각화 등 여러 가지 문제점이 거론되는데, 이런 것들은 모두 경제력집중에 부수되는 문제일 뿐이지 재벌문제의 본질은 경제력집중이다. 모든 재벌문제는 경제력집중에서 파생된다. 따라서 재벌정책은 모두 경제력집중에 초점을 맞추어야 한다.

그런데 공정거래법은 여러 가지 재벌정책을 다루면서도 정작 경제력집중에 대해서는 개념조차 정의해 두지 않고 있다. 공정거래법 제1조 목적에서는 "…과도한 경제력의 집중을 방지하고…"라고 해서 경제력집중의 문제성을 언급하면서 재벌정책의 목표를 제시하고 있다.

그러나 그 이후 규정에서는 경제력집중을 더 이상 구체적으로 논의하고 있지 않다. 많은 정책수단이 도입되어 있지만, 이들이 어떻게 경제력집중을 방지할 것인지 분명하게 보여 주지 못한다. 그 이유는 법에 경제력집중의 개념을 정의해 두지 않았기 때문이다.

구미 선진국에도 경제력집중현상이 존재하지만, 이를 방지하려는 별도의 입법은 하지 않는다. 그 이유는 경제력집중의 과정과 현상이 우리 나라와는 전혀 다르기 때문이다.

구미 선진국에서는 상위에 있는 단일기업들이 규모가 커지면서 국가경제에서 차지하는 비중이 커지는 현상을 경제력집중이라고 한다. 반면에 우리 나라에서는 한 개인이 여러 기업들을 그룹으로 묶어 지배하면서 그 그룹이 국가경제에서 차지하는 비중이 커지는 현상을 경제력집중이라고 한다. 단일기업이 커지면서 경제력집중이 심화되는 것과 여러 기업들로 구성된 기업그룹(재벌)이 커지면서 경제력집중이 심화되는 것에는 그 정도와 폐해양상에 차이가 있다. 따라서 이를 방지하려는 정책수단에도 차이가 있을 수밖에 없다.

경제력집중이 심화된다고 해서 개별 기업의 성장을 억제하는 것은 경제정책이 될 수 없다. 그러나 여러 기업들로 구성된 그룹(재벌)이 비대해지는 것을 막는 것은 정책목적이 될 수 있다. 그로 인한 폐해가 클 때 개별 기업의 성장은 방해하지 않으면서 그룹의 비대화는 억제시킬 필요가 있다. 그리고 이것은 정당한 경제정책이 될 수 있다. 이 때문에 우리 나라는 선진국에 없는 경제력집중 억제정책이 도입되어 있는 것이다.

시장집중(market concentration)과 경제력집중(economic concentration)은 분명하게 구분되는 경제현상이다. 시장집중은 시장의 독점화를 의미한다. 독점방지는 공정거래법의 존재근거이다. 그러므로 시장집중이 공정거래법의 제재대상이 되는 것은 당연하다. 그런데 경제력집중은 시장집중보다 앞서는 시장왜곡현상이다. 이것은 자본주의 시장경제의 본질적 문제이다. 경제력집중의 개선 없이는 시장집중의 개선에도 한계가 있다. 그렇지만 공정거래법은 경제력집중의 개념도 정의하지 않은 채 재벌정책을 추진하고 있다.

이와 같은 이유로 공정거래법의 재벌정책은 재벌의 경영성과를 개선시키려는 정책으로 오인되고 있으며, 또 그런 방향으로 가기도 한다. 이는 재벌통제가 필요하다는 국민적 공감대를 얻기 위한 편법이다.

재벌정책은 철저하게 경제력집중에 초점을 맞추어야 한다. 재벌의 경영성과는 재벌정책의 목표가 아니다. 재벌정책의 목표는 국가전체의 경제성과를 개선하는 것이다. 경제력집중을 막아야 국가경제의 성과가 개선될 수 있다.

재벌정책의 논리 · 목적 · 수단은 일관성 있게 경제력집중의 방지에 맞추어져 있어야 한다. 이를 위해서는 먼저 경제력집중의 개념을 법에 분명히 제시해야 한다. 그리고 경제력집중의 억제와 관련 없는 정책조항들은 과감히 폐지해야 한다. 이런 접근이 아니기 때문에 공정거래정책이 재벌규제로 오인되고 재벌의 저항을 받는 것이다.

경제력집중의 억제는 궁극적으로 자유롭고 공정한 경쟁질서를 확립시키는 길이다. 경제력의 과도한 집중은 시장집중보다 더 넓고 큰 범위에서 시장질서를 왜곡시키고 자유롭고 공정한 시장경쟁을 방해한다. 따라서 한국 경제와 같이 재벌이라는 특수한 기업형태에 의해 경제력집중이 심화되는 국가에서는 공정거래법에서 경제력집중 억제정책을 다루는 것이 당연하다. 그래야 시장경쟁이 활성화될 수 있다. 형식은 재벌정책이지만 실질은 시장정책이다.

2. 내부거래 규제의 재정비

재벌식 경영의 경제적 폐단 중 하나는 계열사끼리의 부당한 내부거래이다. 계열사끼리 서로 지원하는 내부거래를 함으로써 공정한 시장거래를 해치는 현상이 나타난다. 계열사 간의 부당내부거래는 공정한 시장경쟁을 저해하는 작용도 할 뿐만 아니라 경제력집중을 심화시키는 기능도 한다.

그런데 공정거래법에서는 부당내부거래 금지규정이 제23조 불공정거래행위 방지조항에 들어 있기 때문에(법 제23조 1항 7호) 부당내부거래가 경쟁제한성을 야기하는 경우에만 위법성을 인정하는 경향이 있다. 이것은 부당내부거래 금지의 본래 목적을 제대로 추구하지 못하는 문제를 야기시킨다.

계열사 간의 거래, 또는 계열사와 재벌가족 간의 거래는 거의 모두가 그룹의 유지와 확대를 지향하기 위한 거래이다. 말하자면, 경제력집중을 야기하는 불공정거래이다. 따라서 재벌의 내부거래는 시장경쟁 제한효과보다 경제력집중 증대 측면에서 그 위법성이 논해져야 한다.

시장경쟁 제한을 야기하면 공정거래법의 취지상 당연히 제재의 대상이 되지만 경쟁제한성이 분명하지 않더라도 경제력집중을 증대시키는 효과가 있으면 그 거래도 당연히 위법한 거래로 보아야 한다. 그룹 내의 배타적 거래로 부당하게 그룹의 성장을 도왔다면 경제력집중을 야기하는 것이기 때문이다.

이와 같은 취지에서 공정거래법의 제23조 1항 7호는 경제력집중의 억제를 다루고 있는 제3장으로 옮기는 것도 고려해 보아야 한다.[1] 이 규정이 제3장의 적당한 곳으로 옮겨지면 경제력집중 억제정책은 그 유효성을 더 높일 수 있다.

그리고 부당한 내부거래의 개념도 새롭게 정리할 필요가 있다. 현재는 지원성이 있는 거래만 부당한 거래로 보고 있다. 지원성이 있을 때는 지원객체의 시장에서 경쟁이 불공정해진다고 보기 때문이다. 사실 재벌그룹의 내부거래는 경쟁왜곡효과보다 그룹의 유지 확장효과가 더 크다. 계열사끼리의 협조적 내부거래는 필요시 서로에게 도움을 주어 가면서 그룹을 확장시키고 있다.

그러므로 내부거래는 지원성이나 부당성 이전에 원천적으로 비경쟁적 거래라는 특성이 존재한다. 재벌그룹은 계열사의 기업제품을 경쟁 없이 우선적으로 구매한다. 이것은 시장 자체를 파괴하는 행위이다.

시장은 경쟁을 기초로 하고 경쟁은 선택을 기초로 한다. 경제학은 구매자가 합리적 선택행위를 한다고 가정한다. 합리적 선택이란 가격이나 서비스가 가장 좋은 상품을 구매한다는 의미이다. 내부거래에서의 구매행위에는 이러한 합리적 선택행위가 존재하지 않는다. 재벌은 무조건 계열사 제품을 우선적으로 구매한다.

이와 같이 합리적 선택행위가 없으면 경쟁이 존재하지 않는다. 경쟁이 이루어지지 않으면 시장이 성립할 수 없다.

재벌그룹의 내부거래는 합리적 선택에 근거해서라기보다 무조건 그룹 내 상품을 우선적으로 구매하는 특성을 가진다. 이런 측면에서 보면 내부거래는 원천적으로 부당성을 내포한 거래이다. 재벌을 유지하는 이유가 바로 이러한 내부거래를 활용하기 위해서이다.

따라서 재벌체제가 존재하는 한국 경제에는 시장의 이중성이 존

❶ 법 제23조 1항 7호는 "부당하게 특수관계인 또는 다른 회사에 대하여 가지급금, 대여금, 인력, 부동산, 유가증권, 무체재산권 등을 제공하거나 현저히 유리한 조건으로 거래하여 특수관계인 또는 다른 회사를 지원하는 행위"를 금지시키고 있다.

재한다. 재벌 내의 거래와 재벌 밖의 거래가 그것이다. 이런 이중적 시장구조하에서는 시장경제가 건전하게 발전할 수 없다. 재벌들은 이중적 시장형태를 잘 활용하여 비재벌부문을 위축시키면서 계속 확장해 나가고 경제력집중은 점점 심화된다.

재벌의 내부거래 규제는 이런 관점을 충분히 고려하여 새롭게 정비되어야 한다. 내부거래의 규제는 경쟁제한성보다 경제력집중 효과에 초점을 맞추어야 한다.

3. 기업집단 지정제도의 개선

공정거래법은 정책대상이 되는 기업집단을 지정하면서 재벌정책을 시작한다. 현재의 규정에 의하면 자산규모가 2조 원 이상이면 1차적으로 모든 기업집단이 정책대상으로 지정된다. 그런 후에 단계적으로 여러 가지 규정이 적용되면서 다시 정책대상이 되는 기업집단과 기업이 정해진다.

지정되는 기업집단은 그 특성으로 볼 때 공기업집단, 재벌, 전문경영인 기업집단 등 세 가지 유형으로 구분할 수 있다. 이 세 가지는 집단의 조직 · 구성 · 경영행태 등에 현격한 차이가 있다. 따라서 기업집단 지정과정에서도 이를 구분할 필요가 있다.

공기업집단은 특정 목적을 위해 정부가 소유하고 운영하는 기업이다. 그리고 각 공기업은 근거법이 따로 존재하고 기업운영의 목적이 따로 정해져 있다. 이런 공기업은 민간기업집단인 재벌과는 본질적으로 구분되는 기업집단이다. 따라서 공기업집단은 재벌정책에서 제외시켜야 마땅하다. 민간기업을 대상으로 하는 재벌정책에 공기업을 포함시키면 이 정책의 취지와 목적이 훼손될 수 있다.

과거에는 공기업을 정책대상 기업집단으로 지정하지 않았다. 공기업은 국가가 직접 운영하고 통제하는 기업이기 때문이다. 정부는 재벌들의 불만을 무마하는 차원에서 공기업도 포함시켰다. 말하자면, 공기업도 규제를 받는데 왜 재벌들만 불만이냐는 논리로 공기업이 재벌정책에 포함되는 아이러니가 일어났다.

공기업이 포함됨으로써 재벌정책의 정체성이 훼손되고 있다. 그리고 정책의 유효성도 반감되고 있다. 공기업인 한국전력을 기업집단으로 지정하여 재벌처럼 규제하는 것이 어떤 의미가 있을까. 그리고 무엇을 위한 것일까. 재벌정책은 민간경제주체에 의한 과도한 경제력집중현상에서 나오는 여러 가지 폐단을 방지하기 위한 정책이다. 공기업은 처음부터 이런 정책목적과는 무관하다.

기업집단의 범위도 금액보다는 순위로 정하는 것이 더 타당하다. 기업이 성장하면 자산금액도 커지므로 금액은 항상 변한다. 자산규모가 2조 원을 초과하면 규제대상으로 지정되는데, 경제규모가 커지면 기업들도 성장하기 때문에 정책대상이 되는 기업집단의 수는 점점 늘어난다. 이렇게 되면 정부는 기준금액을 상향조정하여 정책대상이 되는 기업집단의 수를 본래대로 다시 환원시킨다.

1987년에 이 정책을 처음 도입하였을 당시에도 금액을 기준으로 하였으나, 이런 문제점 때문에 법개정을 통해 30대 기업집단으로 한정하도록 지정기준을 금액에서 순위로 변경시켰다. 그런데 어느 사이엔가 또 법을 바꾸어 지정기준을 다시 금액으로 바꾸었다. 금액을 기준으로 하면 금액을 수시로 조정해야 하고, 금액을 조정하면 정책당국의 자의성이 높아지며, 조정시마다 어느 금액으로 할 것인지에 대해 의견대립이 심해져 정책의 신뢰를 떨어뜨린다.

더 나아가 특정 금액을 기준으로 규제대상자를 정하면, 그 금액에 진입하지 않으려는 피규제자의 역선택적인 행동이 나타난다. 기업은 필요할 때 계속 성장해야 하는데, 규제를 피하기 위해 가능한 한 규제선에 진입하지 않으려는 사보타지가 나타날 수 있다. 이것도 정책의 효과를 떨어뜨리는 요인이 될 수 있다.

이런 문제들을 해결할 수 있는 방법은 순위를 기준으로 규제대상 기업집단을 지정하는 것이다. 과거처럼 30대 기업집단을 규제대상으로 정하는 것이 합리적이다. 너무 커진 기업집단은 그만큼 경제력집중의 원인이 되기 때문에 정책의 대상이 되는 것은 불가피한데, 절대적 규모보다는 상대적 순위로 적용대상 집단을 정하는 것이 정책의 안정성을 높이면서 일관성을 유지하는 방법이다.

이렇게 하면 어떤 집단도 30위 이내에 들어가지 않으려는 역선택적인 노력을 하기 어렵다. 순위가 발표되기까지는 자기의 순위를 알 수 없기 때문이다. 상위 30대 기업집단만을 대상으로 일관성 있게 재벌정책을 추진하면 정책의 효과는 한층 더 높아질 것이다.

4. 출자총액제한제도의 단순화

출자총액제한제도만큼 뜨거운 논쟁을 불러일으키고 있는 재벌정책은 없다. 재벌들은 거의 결사적으로 이 정책을 폐지시키려 하고 있다. 반면에 이 정책을 계속 유지시키려는 측은 결속력과 투쟁력이 훨씬 미약하다. 그러다 보니 이 정책은 1987년 처음 도입된 후 수없이 수정되면서 지금은 국적불명, 정체불명의 정책이 되어버렸다.

현재의 출자총액제한제도는 자산규모가 10조 원이 넘는 기업집단의 개별 계열기업 중 자산규모가 2조 원 이상인 회사를 대상으로 하면서, 그 대상을 다시 단계적으로 새롭게 정하고 있다. 10조 원 이상 되는 기업집단 중에서도 일정 요건이 충족되는 기업집단은 제외되고, 남은 기업집단의 계열기업 중에서도 다시 일정 요건이 충족되는 계열기업은 제외되고, 남은 계열기업의 출자 중에서도 또다시 일정 요건이 충족되는 출자는 규제대상에서 제외된다. 이렇게 복잡한 과정을 거쳐 최종적으로 규제대상이 되는 출자가 정해지기 때문에 정책 자체가 매우 복잡해졌을 뿐만 아니라 규제의 의의와 효과도 의문시되어 버렸다.

가능하면 규제는 간단명료해야 한다. 그래야 규제비용도 적게 들고 규제효과도 높아진다. 기업집단 지정기준을 금액에서 순위로 바꾸어 30대 민간기업집단만 지정하면 출자 총액 제한대상이 되는 기업집단은 이 중에서 5대 기업집단 정도로 축소하는 것도 한 방법일 수 있다. 5대 기업집단으로 하되 전문경영인 기업집단이거나 계열기업의 수가 5개 이하인 기업집단은 제외시키는 것도 무방할 것이다.

재벌과 전문경영인 기업집단은 구분시킬 필요가 있다. POSCO와 같은 전문경영인 기업집단은 개인 총수나 가족이 지배하는 기업집단도 아니고 세습되는 기업집단도 아니다. 최고경영자는 소유지분을 근거로 기업을 지배하는 것이 아니라 경영능력을 바탕으로 기업을 지배한다.

개인이나 가족에 의한 과도한 경제지배력 행사는 우려할 필요가 없다. 이런 기업집단은 경영권의 안정이 오히려 더 긴요한 과제일 수도 있기 때문에 계열사 출자에 제한을 가하지 않는 것이 국익에 유리할 수도 있다.

계열기업의 수가 적으면 기업집단으로서의 의미가 사라진다. 계열기업의 수가 적으면 계열사 출자의 스케일도 제한적일 수밖에 없다. 5개 이하의 계열사 간에는 계열사 출자의 규모나 복잡성이 그렇게 난해한 상태로 가기 어렵다. 공정법의 현 규정도 계열사가 5개 이하인 기업집단은 출자총액제한제도로부터 졸업하는 것으로 되어 있다. 따라서 이 원칙은 지켜져도 무방하리라고 본다.

출자총액제한제도의 대상은 5개가 넘는 계열사를 가진 5대 재벌(공기업그룹, 전문경영인그룹 제외)로 축소하되, 이들 속의 모든 비금융계열사는 대상이 되는 것이 바람직하다. 그리고 예외규정과 적용제외규정은 폐지하고 이들의 모든 출자가 대상이 되도록 해야 한다. 예외규정과 적용제외규정은 정책집행자의 자의성을 높이고 기업의 자율성을 훼손시킬 위험이 있다. 대신 출자한도는 30% 정도로 축소해야 한다.

요약컨대, 5개가 넘는 계열사를 가진 오너 지배하의 상위 5대 재벌에 속하는 모든 비금융계열 기업의 모든 출자를 출자총액제한제도의 대상으로 하되 기업별 출자범위는 순자산의 30%로 하는 것이 좋을 것이다. 그리고 이 원칙은 일관성 있게 유지되는 것이 중요하다. 정책은 자주 바뀌어도 그 효과가 반감될 뿐만 아니라, 정책이 복잡하고 난해해도 그 효과는 달성되기 어렵다.

5. 의결권제한제도의 정비

의결권 제한은 산업자본과 금융자본의 분리원칙에 기초하고 있다. 재벌은 산업자본이다. 비금융산업을 주축으로 하고 있다는 의미이다. 반면에 금융자본은 은행과 비은행부문의 금융을 지칭한다. 비은행금융은 증권, 보험, 카드 등이 대표적이다.

현재 재벌은 은행업에 참여할 수 없다. 산업자본이 은행을 지배하면 은행이 사금고화되어 자원배분이 왜곡될 위험이 있다고 보기 때문이다. 반면에 비은행금융산업에는 참여할 수 있으되 금융계열사의 의결권 행사에 제한을 가하고 있다.

재벌의 금융계열사는 자기가 소유한 지분에 대해 원칙적으로 의결권 행사가 금지되는데, 중요 의결사항에 한해 타계열사의 지분과 합쳐 15%까지는 의결권을 행사할 수 있다. 그런데 15% 규정은 재벌에게 의도하지 않았던 문제를 야기시키기도 한다. 금융계열사의 지분이 없으면 소유한 지분 모두에 대해 얼마든지 의결권을 행사할 수 있는데, 금융계열사 지분이 존재하면 타계열사 지분을 합쳐 15%까지만 의결권 행사가 가능하기 때문이다.

따라서 15% 규정은 총수의 의결권 확보에 도움이 되기도 하고 방해가 되기도 한다. 예컨대, 계열사들이 합쳐 특정 계열사 지분을 30% 확보하고 있는데, 이 중 1%라도 금융계열사가 소유한 지분이 있으면 의결권은 15%만 가능하다. 만약 이 1%를 매각해 버리면 29%까지 의결권을 행사할 수 있으나, 금융계열사 지분 때문에 의결권 행사가 오히려 방해를 받는다.

반면에 계열사들이 합쳐 17% 지분을 확보하고 있는데, 이 중 금융계열사가 소유한 지분이 5%라면 이 지분 없이는 12%의 의결권만 행사가 가능하고, 이 지분이 있으면 15%까지 의결권 행사가 가능하다. 이 때는 금융계열사 지분이 3%까지는 도움을 주는 셈이다. 이와 같이 15% 규정으로 금융계열사 지분은 그 역할이 경영권 안정에 도움이 되기도 하고 방해가 되기도 한다.

금융계열사 지분에 대해서는 공정거래법의 초기처럼 의결권 행사를 완전히 금지하는 것이 오히려 정책의 취지도 분명하고 기업들의 의결권 확보에도 혼란을 주지 않을 수 있다. 재벌의 계열기업들은 처음부터 의결권 확보에 금융계열사의 도움을 받지 않도록 함으로써 금융과 산업의 분리를 명료히 해 둘 뿐만 아니라 의결권 확보에 혼란도 주지 않는다. 그리고 이것은 경제력집중을 억제시키려는 정책방향에도 부합하고 기업들의 경영권 안정화 전략에도 혼선을 제공하지 않는다.

재벌의 경제력집중 억제정책에는 금융과 산업의 분리가 필수적 전제조건이다. 금융계열사가 재벌의 사금고가 되어서도 안 되고, 재벌구축의 수단이 되어서도 안 된다. 금융회사는 재벌의 사금고기능보다 자원배분이라는 본래의 기능을 충실히 수행해야 한다.

공정거래법의 초기에는 금융계열사의 지분에 대해 의결권을 허용하지 않았다. 대신 출자 총액 제한대상에서는 제외시켰다. 수익증대를 위해 주식을 구입하는 것은 허용하지만 타회사 지배를 위한 의결권 행사는 불가하다는 것이다.

공정거래법이 개정되면서 주주총회의 중요 의사결정에 대해서는 30%까지 의결권을 허용하다가 다시 이를 15%로 축소시켰다. 공정거래위원회의 일관성 없는 정책의 한 예라고 볼 수 있다. 금융계열사는 위탁자산의 수익증대를 위해 출자총액제한제도의 제한 없이 계열사에 출자할 수 있어도, 계열사 지배를 위한 용도로 남용되는 것은 막기 위해 처음처럼 의결권 행사는 모두 금지하는 것이 옳은 접근이다.

6. 지주회사제도의 강화

지주회사는 크게 두 가지 기능을 가진다. 하나는 기업조직을 효율적으로 바꿀 수 있는 기능이고, 다른 하나는 적은 자본으로 많은 회사를 지배할 수 있는 기능이다.

둘 모두 기업 입장에서는 긍정적인 기능이다. 그러나 경제 전체 입장에서 볼 때는 두 번째 기능이 경제력집중 심화라는 부정적 효과를 가져올 수 있다. 한 사람이 지주회사를 이용해 적은 자본으로 많은 회사, 많은 경제활동영역을 지배하면 경제력집중은 심화되기 마련이고, 이로 인한 부작용이 커지기 마련이다.

이러한 부정적 기능 때문에 우리 나라에서는 지주회사 설립이 금지되어 왔었다. 그러다가 1997년의 외환위기 이후 재벌의 구조조정과정에서 첫 번째 기능을 활용해 보자는 취지로 1999년부터 지주회사 설립이 허용되었다.

그러나 두 번째의 부정적 기능을 억제시키기 위해 여러 가지 제약을 가한 지주회사가 허용되었다. 대표적 제약이 지주회사의 부채비율을 100% 이내로 제한하면서 자회사 지분의 하한선을 50%(상장자회사는 30%)로 정한 것이다. 지주회사가 과도한 부채로 타회사를 지배하지 못하도록 하면서 지배할 수 있는 회사수를 최대한 억제시키기 위한 불가피한 조치였다.

그러나 재벌들은 이것도 가만 두지 않았다. 재벌 입장에서야 적은 자본으로 많은 계열사를 거느리는 것이 가장 좋을 것이다. 따라서 재벌들은 이 규정도 흔들기 시작하여 공정거래위원회는 제한규정을 점점 완화시켜 나가고 있다. 2007년의 공정거래법 개정에서는 지주회사의 부채비율을 200%까지로 확대허용하고, 자회사 지분하한선도 40%(상장회사는 20%)로 축소조정하였다.

지주회사는 재벌을 강화하고 고착화시키는 수단이다. 실제로 제2차 세계대전 이전의 일본에서는 지주회사를 바탕으로 재벌천국이 만들어졌고, 결국 전쟁협력세력으로 귀결되었다가 맥아더에 의해 해체되는 운명을 맞았는데, 지주회사는 바로 일본의 재벌과 일치하는 개념이었다. 이런 지주회사를 자유로이 허용하면 두 번째의 부정적 기능이 첫 번째의 긍정적 기능을 압도할 것은 명약관화하다.

허용된 지주회사를 다시 금지시키기는 어렵다. 그러나 최초 허용 당시의 제한규정은 철저하게 유지시키는 것이 매우 중요하다. 지주회사를 이용한 경제력집중의 심화는 방지해야 하기 때문이다. 반면에 기업조직의 효율적 조정기능은 살릴 필요가 있다. 지주회사는 허용하되 지주회사에 대한 규제를 엄격히 고수하는 것이 매우 중요하다.

7. 과도한 다각화의 통제

재벌문제의 본질은 경제력집중에 있고, 경제력집중은 재벌의 과도한 다각화에서 나온다. 다각화는 단일기업이 참여업종을 넓혀 나가는 다각화와 여러 기업들이 그룹을 형성하면서 참여업종을 넓혀 나가는 그룹의 다각화로 나눌 수 있다.

재벌의 다각화는 후자의 다각화이다. 전자의 다각화는 관련 다각화가 일반적인 현상이고, 후자의 다각화는 비관련 다각화가 일반적인 현상이다. 그리고 전자의 다각화는 기업의 다각화인 반면 후자의 다각화는 기업가 개인의 다각화이다.

요약하건대, 재벌의 다각화는 그룹의 다각화이면서 비관련 다각화이고, 총수라는 기업가의 다각화이다. 이와 같은 다각화는 전통적 다각화 개념인 기업의 다각화와는 구분되는 다각화이다. 기업의 다각화는 단일기업이 주종업종을 기준으로 다른 관련업종에도 참여하는 현상이며, 주로 효율성 증대를 위해 추구되는 다각화이다.

그러나 재벌의 다각화는 기업이 아니라 총수라는 자연인을 중심으로 그 사람이 지배하는 사업영역을 넓혀 나가는 다각화이고, 지배하는 기업의 수를 넓혀 나가면서 사업영역을 확장해 나가는 다각화이다. 따라서 장대한 스케일의 비관련 다각화가 이루어지고 있는 것이 하나의 특징이다.

재벌의 다각화는 기업가의 다각화로서 수많은 계열기업을 거느리는 그룹규모로 다각화가 이루어지고 있기 때문에 경제력집중으로 귀결할 수밖에 없다. 과도한 경제력집중은 궁극적으로 공정한 경쟁질서를 해칠 수밖에 없으며, 더 나아가서는 과도한 다각화 자체가 시장경쟁을 위축시킬 수 있는 요인이 된다.

폭넓게 다각화되어 있는 재벌들은 여러 시장에서 서로 경쟁관계에 놓이게 된다. 단일전문기업들은 자기가 참여하는 하나의 시장에서만 서로 경쟁관계가 성립되지만, 많은 업종에 참여하고 있는 재벌은 다른 재벌과 여러 업종에서 서로 경쟁하게 된다. 이렇게 되면 여러 분야에서 이해관계가 서로 얽히기 때문에 이들은 경쟁을 주저할 수밖에 없다.

하나의 시장에서 서로 치열한 대립관계에 서면 다른 시장에서 서로 보복하는 경쟁이 나타날 수밖에 없기 때문에 이들은 처음부터 아예 모든 시장에서 서로 경쟁을 자제하려고 하는 유인을 가지게 된다.[2] 이것은 다시장접촉이론(multimarket contact theory)으로 이미 입증된 사실이다.

이와 같이 재벌들의 과도한 다각화는 다각화 그 자체가 궁극적으로 경쟁제한적 요인이 될 뿐만 아니라 이를 통한 과도한 경제력집중 역시 경쟁을 제한하는 요인이 된다. 따라서 과도한 다각화를 유발하는 재벌행태는 당연히 재벌정책의 대상이 되어야 한다. 공정위는 재벌의 다각화 현황을 주기적으로 조사·공표하여 정책당국이나 소비자들로부터 투명하게 감시를 받도록 해야 한다.

8. 비재벌부문과의 상생적 관계 복원

한국 경제는 재벌경제이다. 저성장의 경기침체 속에서도 몇몇 대재벌은 매우 잘 나가고 있다. 수출실적도 계속 신장되고, 순이익도 매우 높다. 그리고 기업도 계속 성장해 가고 있다. 특히, 자동차, 전자, 조선 등은 한국의 주력수출산업이고 재벌산업이다.

이 때문에 재벌개혁 주장은 이제 메아리로만 남아 있을 뿐 전혀 실천이 없고 오히려 후퇴하고 있다. 재벌개혁을 말하는 놈은 바보 같은 놈이거나 역적 같은 놈 취급을 받는 형국이 되었다. 국민들이 그렇게 세뇌되어 가고 있다. 그래서 지금은 재벌개혁 목소리가 점점 기어들어 가고 있다.

재벌만 활개를 치는 세상이 되었다. 이 틈을 타서 재벌들은 온갖 주장을 다한다. 심지어는 자식에게 그대로 상속할 수 있도록 상속세

[2] Corwin D. Edwards, "Conglomerate Bigness as a Source of Power," in *Business, Concentration and Price Policy*, ed. by George Stigler, N.J. Princeton: Princeton University Press, 1955, pp. 331~359.

를 낮추어 달라는 요구까지 한다. 그러나 우리 국민은 외환위기 때 그랬던 것처럼 머지않아 이를 후회하게 될 것이다.

재벌부문만 돋보이는 경제는 결코 건강한 경제가 아니다. 그리고 재벌에게로 집중된 경제도 결코 탄탄한 경제는 아니다. 재벌 못지않게 재벌 이외의 부문도 건실해야 그 경제가 튼튼해질 수 있다.

오히려 재벌 이외의 부문이 더 중요하다. 이들은 재벌을 뒷받침하는 받침대이기 때문이다. 아름답고 건강한 산은 큰 나무와 작은 나무가 조화를 이루고 있는 초록숲이다. 아프리카 평원처럼 여기저기 큰 나무들만 우뚝우뚝 솟아 있고 아래에는 창백한 관목들만 흩어져 있는 숲은 아름다울 수도 없고 건강할 수도 없다. 튼튼한 중소기업과 중견기업이 받쳐 주지 못하는 재벌체제는 사상누각이다.

재벌과 비재벌의 관계는 공생공영의 관계이어야 한다. 재벌을 억제해서 비재벌을 키우는 것이 바람직하지 않는 만큼 비재벌을 착취해서 재벌이 성장하는 것도 바람직하지 않다.

재벌에는 수많은 중소 하청기업이 붙어 있다. 그리고 재벌과 경쟁하는 수많은 중견 · 중소기업이 있다. 이들이 기술력을 갖추고 수익성을 가져야 재벌을 더 잘 뒷받침할 수 있다.

재벌은 이들 위에 군림해서도 안 되고, 이들을 착취해서도 안 된다. 이들을 도와 주어야 한다. 그렇게 하면 도와 준 것을 더 키워 되돌려 받을 수 있다.

재벌정책은 결코 재벌을 누르는 정책이 아니다. 재벌과 비재벌이 함께 커 가도록 하는 정책이다. 궁극적으로 재벌을 더욱 튼튼히 하는 정책이다.

재벌이 싹쓸이하는 상황은 재벌 스스로에게도 이롭지 못할 뿐만 아니라 국가경제에도 득이 되지 못한다. 국가경제는 기업의 수가 많아지면서 그 기업들이 건실하게 성장하는 것이 중요하다. 비재벌부문도 계속 확장되고 신장되어야 한다.

재벌정책은 이를 추구하는 윈윈정책이 되어야 한다. 재벌과 비재벌이 함께 가도록 하는 정책이어야 한다. 비재벌이 건실해야 재벌도 건실해지고 국가도 건실해진다.

참고문헌

강명헌, 『재벌과 한국경제』, 나남출판, 1996.

강신일, 『대규모 기업집단에 관한 연구』, 한국경제연구원, 1991.

강철규, 『재벌개혁의 경제학』, 다산출판사, 1999.

강철규 · 최정표 · 장지상, 『재벌–성장의 주역인가 탐욕의 화신인가』, 비봉출판사, 1991.

공병호, 『정부주도형 업종전문화정책의 문제점과 개선방안』, 한국경제연구원, 1991.

———, 『재벌 비난받아야 하는가』, 도서출판 예명사, 1992.

———, 『일본의 소유구조와 한국의 기업집단』, 한국경제연구원, 1994.

김기원, 『재벌개혁은 끝났는가』, 한울아카데미, 2002.
김대환 · 김균, 『한국재벌개혁론』, 나남출판, 1999.
김동운, 「LG그룹 지주회사체제의 성립과정과 의의」, 『경영사학』, 제22집 제1호(통권43호), 한국경영사학회, 2007. 6, pp. 5~48.
김상권, 『독점과 기업집단』, 한국경제연구원, 1996.
김용열, 『기업조직의 선택과 구조조정』, 산업연구원, 1999.
김창배 · 홍재범, 『외환위기 전후의 한국기업의 부채구조와 결정요인』, 한국경제연구원, 2004.
매일경제 산업부 · 한국경제연구원, 『한국재벌 미래는 있는가』, 매일경제신문사, 2000.
문상호, 『한국의 경제발전과 재벌론』, 세경사, 1996.
서울경제신문, 『재벌과 가벌』, 지식산업사, 1991.
서울경제신문 산업부, 『재벌, 그 실상과 허상… 실체를 벗긴다』, 한국문원, 1995.
선우석호 · 양원근, 『대기업집단 업종전문화 유도방안』, 산업연구원, 1991.
소일섭, 『경제력집중 억제시책과 기업지배구조 개선방안』, 한국경제연구원, 1996.
송원근 · 이상호, 『한국의 재벌, 재벌의 사업구조와 경제력집중』, 나남출판, 2005.
신광식, 『재벌개혁의 정책과제와 방향』, 한국개발연구원, 2000.
———, 『공정거래정책 혁신론』, 나남출판, 2006.
유관영 · 김인중, 『일본의 기업제도혁신과 지주회사』, 산업연구원, 1996.
유승민, 『재벌, 과연 위기의 주범인가, 위기 이후 재벌정책의 평가와 과제』, 비봉출판사, 2000.
이병기, 『한국 대기업의 수직통합 결정요인』, 한국경제연구원, 1995.
이승철, 『내부거래의 경제분석과 경쟁정책』, 한국경제연구원, 1999.
이승훈, 『소유와 경영의 분리: 경영현대화와 경제민주화』, 서울대학교 사회과학연구소, 1991.
―――, 『재벌체제와 다국적기업』, 서울대학교 출판부, 2005.
이영렬, 『빅딜게임』, 중앙일보 J&P, 1999.
이인권, 『한국기업의 성장동학에 관한 연구』, 2002.
이재우, 『개방경제와 경제력집중』, 한국경제연구원, 1998.
이재우 외, 『IMF 체제하의 구조조정정책의 점검과 과제』, 한국경제연구원, 1998.
이재형, 『지주회사의 본질과 정책과제』, 한국개발연구원, 2000.
이철환, 『재벌개혁드라마』, 좋은글, 2000.
이한구, 『한국재벌형성사』, 비봉출판사, 1999.
―――, 『한국재벌사』, 대명출판사, 2004.
장세진, 『외환위기와 한국기업집단의 변화: 재벌의 흥망』, 박영사, 2003.
전인우, 『한국기업집단의 다각화 결정요인』, 한국경제연구원, 1996.
―――, 『시장집중과 기업집단의 다각화』, 한국경제연구원, 1996.
―――, 『출자제도의 비판적 검토』, 한국경제연구원, 1998.
정구현, 『한국기업의 다각화전략과 국제경쟁력』, 한국경제연구원, 1991.
정병휴 · 양영식, 『한국재벌부문의 경제분석』, 한국개발연구원, 1992.
조창현, 『대기업그룹 전문화지수 평가』, 산업연구원, 1999.

좌승희, 『진화론적 재벌론』, 비봉출판사, 1998.
———, 『기업의 본질에 대한 새로운 조명』, 한국경제연구원, 2002.
———, 『기업의 본질에 대한 새로운 조명』, 한국경제연구원, 2003.
진태홍, 『일본기업집단의 금융구조』, 한국경제연구원, 1993.
최정표, 『재벌해체』, 비봉출판사, 1993.
———, 『선진화를 위한 재벌의 선택–소유경영 분리』, 도서출판 고원, 1996.
———, 『한국 재벌의 이론과 현실』, 건국대학교 출판부, 2004.
———, 「재벌의 해체와 소유경영분리체제의 확립–일본의 대기업에 관한 분석」, 『한일경상논집』, 한일경상학회, 1997.
———, 「그룹식 기업경영의 전략적 역할에 관한 실증분석」, 『경제연구』, 한국경제학회, 2000. 6.
———, 「기업그룹의 다각화전략과 그 효과에 관한 실증분석」, 『국제경제연구』, 한국국제경제학회, 2002. 8.
———, 「기업집단지정제도의 유효성에 관한 실증분석」, 『산업조직연구』, 11(3), 한국산업조직학회, 2003. 9, pp. 1~35.
———, 「재벌에 의한 경제력집중의 정태 및 동태적 분석」, 『산업조직연구』, 12(4), 한국산업조직학회, 2004. 12, pp. 63~88.
———, 「지주회사와 재벌」, 『상경연구』, 31(2), 건국대 경제경영연구소, 2006. 11.
———, 「재벌체제의 시장경쟁 제한효과」, 『한국경제연구』, 16, 한국경제연구학회, 2006. 6, pp. 197~225.
최정표 외, 「우리 기업들의 소유구조와 기업가치, 부채수준, 투자수준과의 관계에 대한 연구」, 『한국경제연구』, 한국경제연구학회, 2003. 12.

하시모토 쥬로 · 다케다 하루히토 편저, 장현준 · 권혁태 편역, 『일본 경제의 발전과 기업집단』, 오름, 1997.

한국경제연구원, 『시장질서 선진화를 위한 기업 및 경쟁정책의 방향과 과제』, 2001.

———, 『경영투명성과 기업가치』, KERI 정책보고서 2002-06, 2002.

황인학, 『경제력집중 한국적 인식의 문제점』, 한국경제연구원, 1997.

———, 『재벌의 다각화와 경제력집중』, 한국경제연구원, 1999.

황인학 · 서정환 · 이인권 · 홍재범, 『재벌구조의 특징과 쟁점』, 한국경제연구원, 2002.

Berger P. G. and E. Ofeck, "Diversification's Effects on Firm Value," *Journal of Financial Economics*, 37, 1995, pp. 39~65.

Berle, A. A. Jr. and G. C. Means, *The Modern Corporation and Private Property*, New York: The Macmillan Company, 1932.

Bisson, T. A., *Zaibatsu Dissolution in Japan*, Berkeley: University of California Press, 1954.

Cable, J. and H. Yasuki, "International Organization, Business Groups and Corporate Performance: An Empirical Test of the Multi-Divisional Hypotheses in Japan," *International Journal of Industrial Organization*, 3, 1985, pp. 401~420.

Cable, J. R. and M. J. Dirrheimer, "Hierarchies and Markets: An Empirical Test of the Multidivisional Hypotheses in West Germany," *International Journal of Industrial Organization*, 1(1), 1983, pp. 43~62.

Caswell, Julie A., "Aggregate Concentration: Significance, Trends, and Causes," in Robert L. Wills, Julie A. Caswell, and John D. Culbertson, eds., *Issues after a Century of Federal Competition Policy*, Lexington Books, 1987.

Caves, R. E. and M. Uekusa, *Industrial Organization in Japan*, Washington: Brookings Institution, 1976.

Choi, Jeong-Pyo and Dennis Patterson, "Conglomerate Regulation and Aggregate Concentration in Korea: An Empirical Analysis," *Journal of Asia Pacific Economy*, 12(2), May 2007, pp. 250~271.

Choi, J. P. and T. G. Cowing, "Firm Behavior and Group Affiliation: The Strategic Role of Corporate Grouping for Korean Firms," *Journal of Asian Economics*, 10, 1999, pp. 195~209.

———, "Diversification, Concentration and Economic Performance: Korean Business Groups," *Review of Industrial Organization*, 21, 2002, pp. 271~282.

Clarke, R. and S. W. Davies, "Aggregate Concentration, Market Concentration and Diversification," *The Economic Journal*, 93, March 1983, pp. 182~192.

Colombo, Massimo G. and Luigi Buzzacchi, "Business Groups and the Determinants of Corporate Ownership," *Cambridge Journal of Economics*, 20, 1996, pp. 31~51.

Deutsch, Joseph and Jacques Silber, "Static Versus Dynamic Measures of Aggregate Concentration: The Case of

Fortune's 500," *Southern Economic Journal*, 62(1), July 1995, pp. 192~209.

Edwards, Corwin D., "Conglomerate Bigness as a Source of Power," in National Bureau Committee for Economic Research, *Business Concentration and Price Policy*, edited by George Stigler, Princeton: Princeton University Press, 1955, pp. 331~360.

Feinberg, Robert M., "On the Measurement of Aggregate Concentration," *The Journal of Industrial Economics*, 30(2), Dec. 1981, pp. 217~224.

Ghemawart, P. and T. Khanna, "The Nature of Diversified Business Groups: A Research Design and Two Case Studies," *Journal of Industrial Economics*, 46, March 1998, pp. 35~61.

Goto, Akira, "Business Groups in A Market Economy," *European Economic Review*, 19, 1982, pp. 53~70.

Gul, F. A. and Burch T. Kealey, "Chaebol, Investment Opportunity Set and Corporate Debt and Dividend Policies of Korean Companies," *Review of Quantitative Finance and Accounting*, 13, 1999.

Hadley, Eleanor M., *Antitrust in Japan*, Princeton University Press, 1970.

Hattori, Tamio, "Japanese Zaibatsu and Korean Chaebol," in Kae H. Chung and Hak Chong Lee, eds., *Korean Managerial Dynamics*, New York: Praeger, 1989, pp. 79~95.

Hill, Charles W. L., "Internal Capital Market Controls and Financial Performance in Multidivisional Firms," *The Journal of Industrial Economics*, 37(1), 1988, pp. 67~83.

Hoshi, Takeo, Anil Kashyap, and David Scharfstein, "Corporate Structure, Liquidity, and Investment: Evidence from Japanese Industrial Groups," *Quarterly Journal of Economics*, 106, 1991, pp. 33~60.

Hughes, Alan and Manmohan S. Kumur, "Recent Trends in Aggregate Concentration in the United Kingdom Economy," *Cambridge Journal of Economics*, 8, 1984, pp. 235~250.

Iguchi, Tomio, "Aggregate Concentration, Turnover, and Mobility among the Largest Manufacturing Firms in Japan," *The Antitrust Bulletin*, Winter 1987, pp. 939~965.

Khanna, T. and K. Palepu, "Is Group Affiliation Profitable in Emerging Markets? An Analysis of Diversified Indian Business Groups," *Journal of Finance*, 55(2), 2000, pp. 867~891.

Kiyonari, Tadao and Hideichiro Nakamura, "The Establishment of the Big Business System," *Industry and Business in Japan*, in Kazuo Sato, ed., M. E. Sharpe, Inc. and Croom Helm, 1980, pp. 247~284.

Kock, C. J. and M. F. Guillen, "Strategy and Structure in Developing Countries: Business Groups as an Evolutionary Response to Opportunities for Unrelated Diversification," *Industrial and Corporate Change*, 10(1), 2001, pp. 77~113.

Lang, L. H. P. and R. M. Stulz, "Tobin's *q*, Corporate Diversification, and Firm Performance," *Journal of Political Economy*, 102, 1994, pp. 1248~1280.

Leff, N. H., "Industrial Organization and Entrepreneurship in the Developing Countries: The Economic Groups," *Economic Development and Cultural Change*, 27, 1978, pp. 661~674.

Liu, J. C., J. P. Choi, and H. H. Wang, "Business Groups in Japan, South Korea and Taiwan: A Comparison," *Research in Asian Economic Studies*, 8, JAI Press Inc., 1998, pp. 351~360.

Miyajima, Hideaki, "The Transformation of Zaibatsu to Postwar Corporate Groups – from Hierarchically Integrated Groups to Horizontally Integrated Groups," *Journal of the Japanese and International Economies*, 8, 1994, pp. 293~328.

Miyazaki, Yoshikazu, "The Japanese-type Structure of Big Business," *Industry and Business in Japan*, in Kazuo Sato, ed., M. E. Sharpe, Inc. and Croom Helm, 1980, pp. 285~343.

Montgomery, C. A., "Corporate Diversification," *Journal of Economic Perspectives*, Summer 1994, pp. 163~178.

Nakatani, I., "The Economic Role of Financial Corporate

Grouping," in M. Aoki, ed., *The Economic Analysis of the Japanese Firm*, North-Holland, 1984.

Nissan, Edward, "Effects of Antitrust Enforcement on Aggregate Concentration," *Journal of Economic Studies*, 25(2), 1998, pp. 112~117.

Novaes, Walter and Richard H. Pettuny, "Visibility versus Complexity in Business Groups: Evidence from Japanese Keiretsu," *Journal of Business*, 74(1), 2001, pp. 79~100.

O' Neil, Patrick B., "The Trend of Aggregate Concentration in the United States: Problems of Scope and Measurement," *American Journal of Economics and Sociology*, 55(2), 1996, pp. 197~212.

Palepu, K., "Diversification Strategy, Profit Performance and the Entropy Measure," *Strategic Management Journal*, 6, 1985, pp. 239~255.

Rotwein, Eugene, "Economic Concentration and Monopoly in Japan," *Journal of Political Economy*, 72, 1964, pp. 262~277.

Rumelt, R. P., "Diversification Strategy and Profitability," *Strategic Management Journal*, 3, October-December 1982, pp. 359~369.

Scherer, F. M., *Industrial Market Structure and Economic Performance*, 2nd ed., Boston: Houghton Mifflin, 1980.

Scherer, F. M. and David Ross, *Industrial Market Structure and Economic Performance*, Boston: Houghton Mifflin

Company, 1990.

Scott, John T., "Multimarket Contact and Economic Performance," *Review of Economics and Statistics*, 64, pp. 368~375, 1982.

———, "Purposive Diversification as a Motive for Merger," *International Journal of Industrial Organization*, 7, 1989, pp. 35~47.

———, "Multimarket Contact among Diversified Oligopolists," *International Journal of Industrial Organization*, 9, 1991, pp. 225~238.

Shin, Hyun-Han and Young S. Park, "Financing Constants and Internal Capital Markets: Evidence from Korean 'Chaebols' ," *Journal of Corporate Finance*, 5, 1999.

Shin, Kwangsik, "The Treatment of Market Power in Korea," *Review of Industrial Organization*, 21, 2002, pp. 113~128.

Silver, M. S., "On the Measurement of Changes in Aggregate Concentration, Market Concentration and Diversification," *The Journal of Industrial Economics*, 33(3), March 1985, pp. 349~352.

Teece, D. J., "Internal Organization and Economic Performance: An Empirical Analysis of the Profitability of Principal Firms," *Journal of Industrial Economics*, 30, December 1981, pp. 173~199.

Thompson, S., "Internal Organization and Profit: A Note," *Journal of Industrial Economics*, 30, 1981.

Weiss, Leonard W., "The Extent and Effects of Aggregate Concentration," *Journal of Law and Economics*, 31, 1983, pp. 429~455.

Wernerfelt, B. and C. A. Montgomery, "Tobin's *q* and the Importance of Focus in Firm Performance," *American Economic Review*, 78, 1988, pp. 246~250.

White, Lawrence, "Trends in Aggregate Concentration in the United States," *Journal of Economic Perspectives*, 16(4), 2002, pp. 137~160.

———, "What Has Been Happening to Aggregate Concentration in the United States?," *The Journal of Industrial Economics*, 29(3), 1981, pp. 223~230.

찾아보기

ㄱ

ㅎ

실패한 재벌정책

초판인쇄 2007년 10월 10일
초판발행 2007년 10월 15일

저　　자 최 정 표
발 행 인 노 현 철
발 행 처 도서출판 해남
서울시 서대문구 냉천동 182 냉천빌딩 4층
전화 739-4822　　팩스 720-4823
e-mail haenam30@dreamwiz.com
homepage www.hpub.co.kr
등록 1995. 5. 10 제1-1885호

정　　가 10,000원

ISBN 978-89-86703-95-5 03320